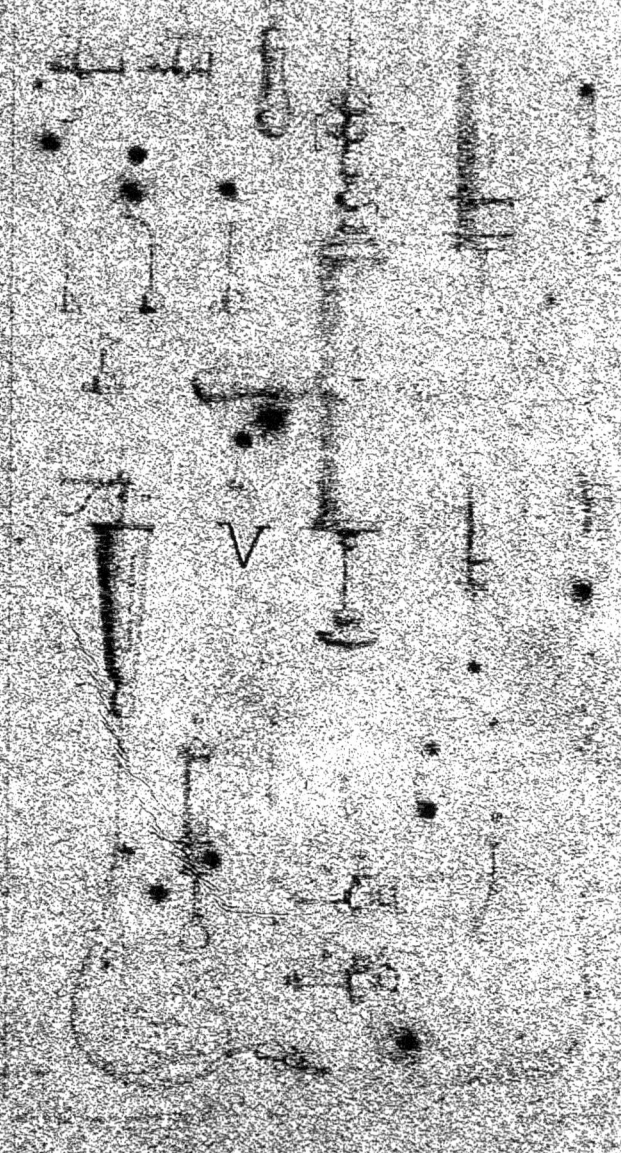

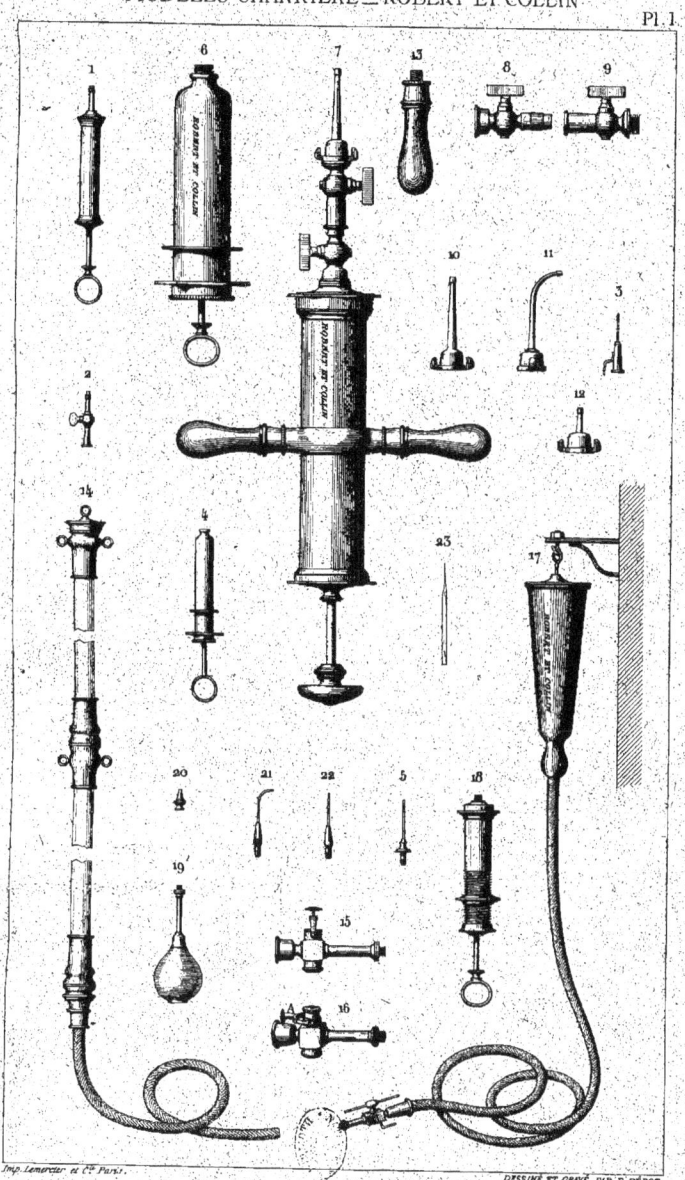

MODÈLES CHARRIÈRE — ROBERT ET COLLIN. Pl. 1

SERINGUES ET APPAREILS POUR LES INJECTIONS ANATOMIQUES

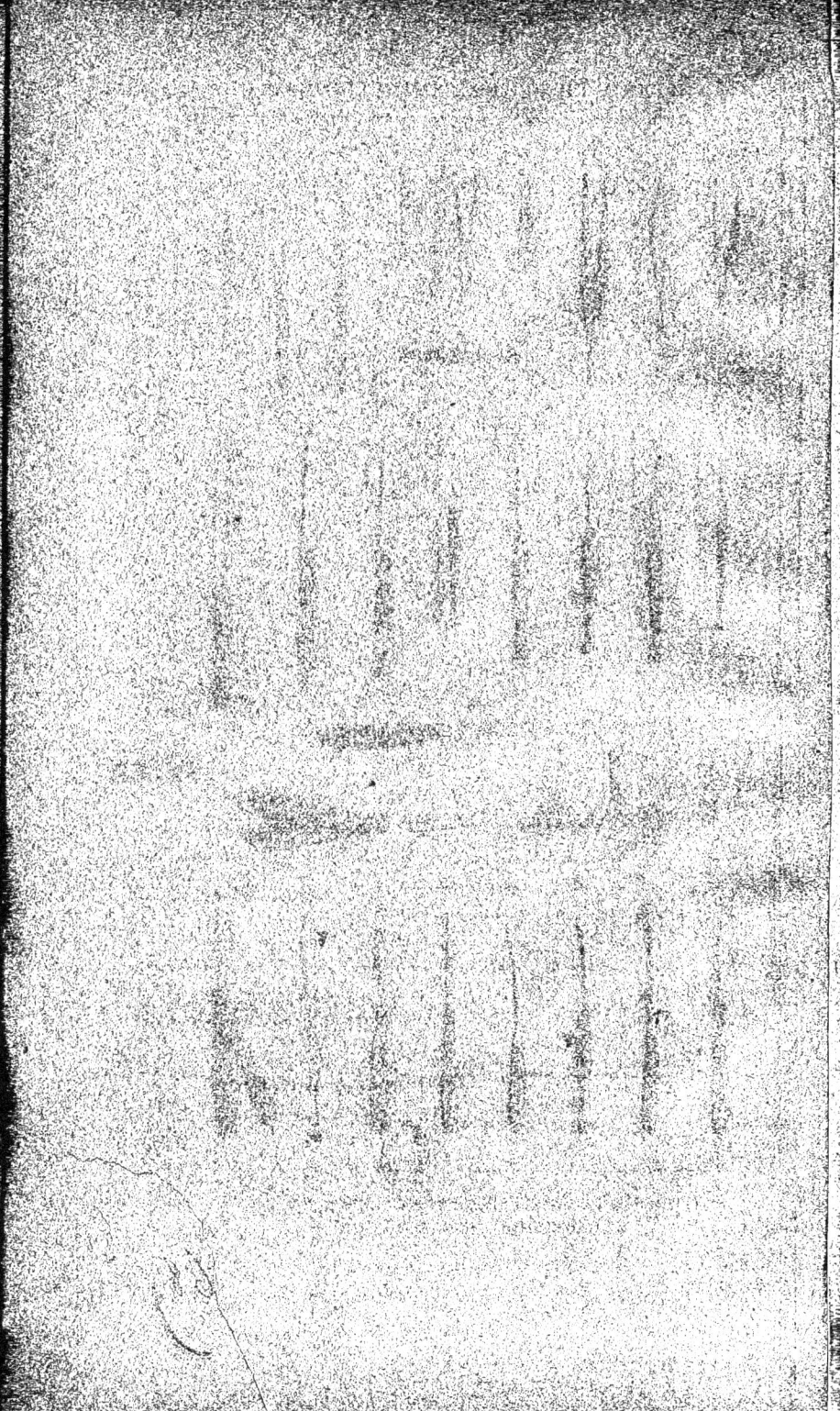

MODÈLES CHARRIÈRE — ROBERT ET COLLIN Pl. 3.

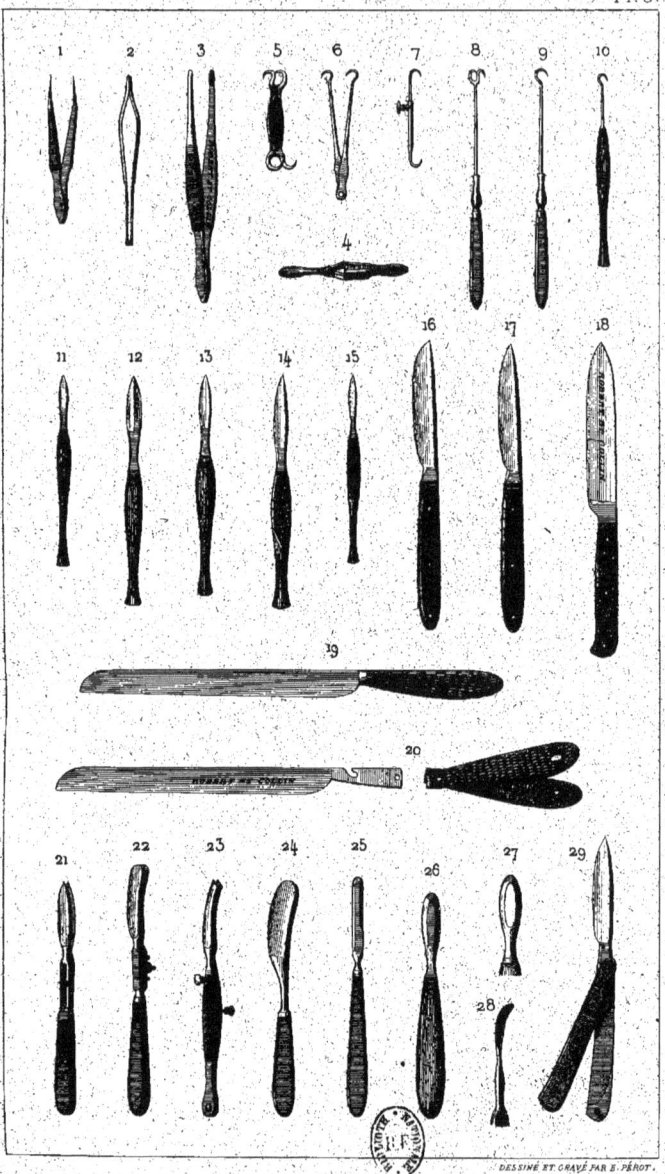

INSTRUMENTS POUR LES DISSECTIONS LES AUTOPSIES
ET L'ANATOMIE MICROSCOPIQUE

MODÈLES CHARRIÈRE — ROBERT ET COLLIN   Pl. 4.

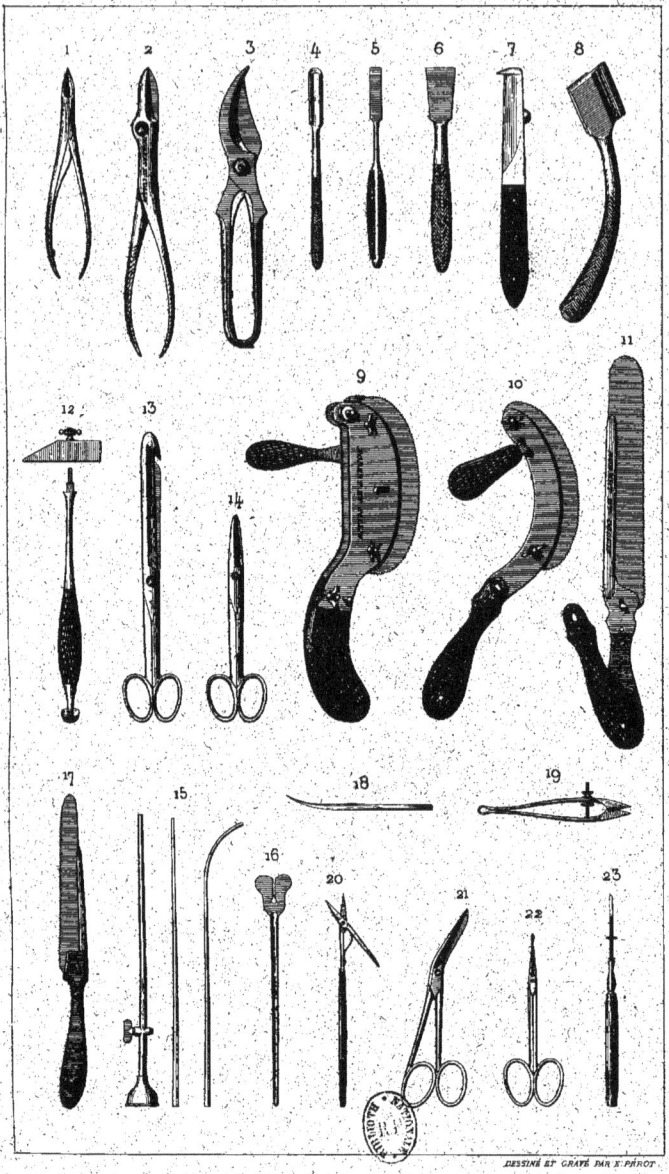

INSTRUMENTS POUR LES DISSECTIONS LES AUTOPSIES
ET L'ANATOMIE MICROSCOPIQUE.

MODÈLES CHARRIÈRE_ROBERT ET COLLIN

Pl. 5

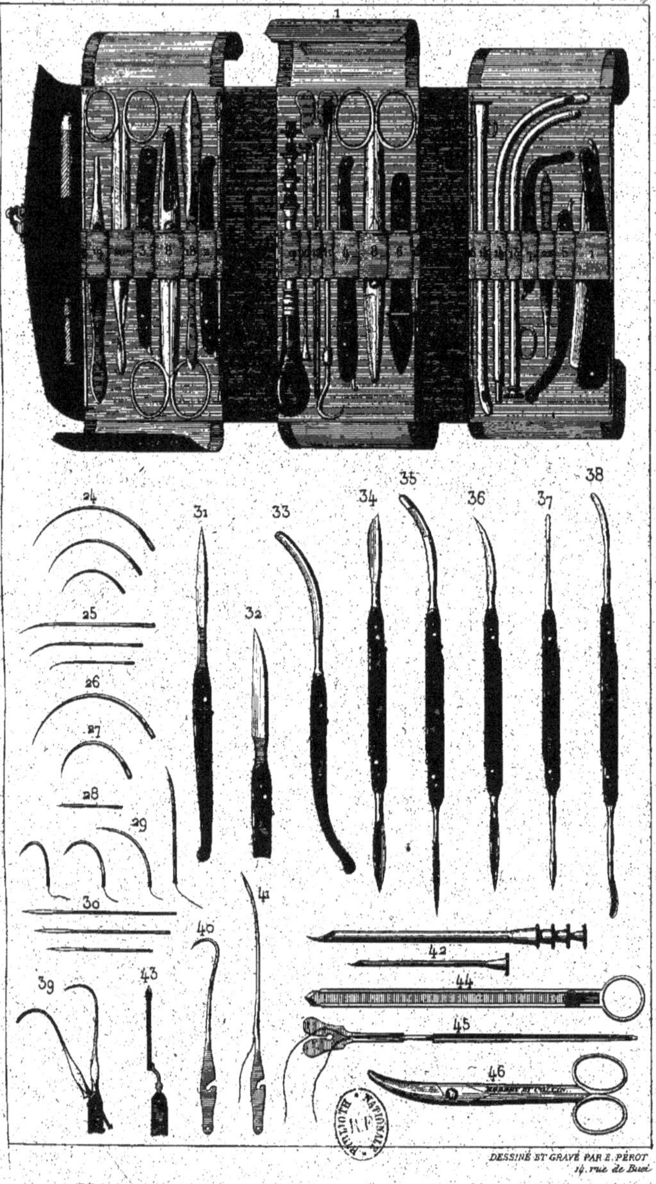

DESSINÉ ET GRAVÉ PAR E. PÉROT
14, rue de Buci

TROUSSE ORDINAIRE ET INSTRUMENTS DE TROUSSE

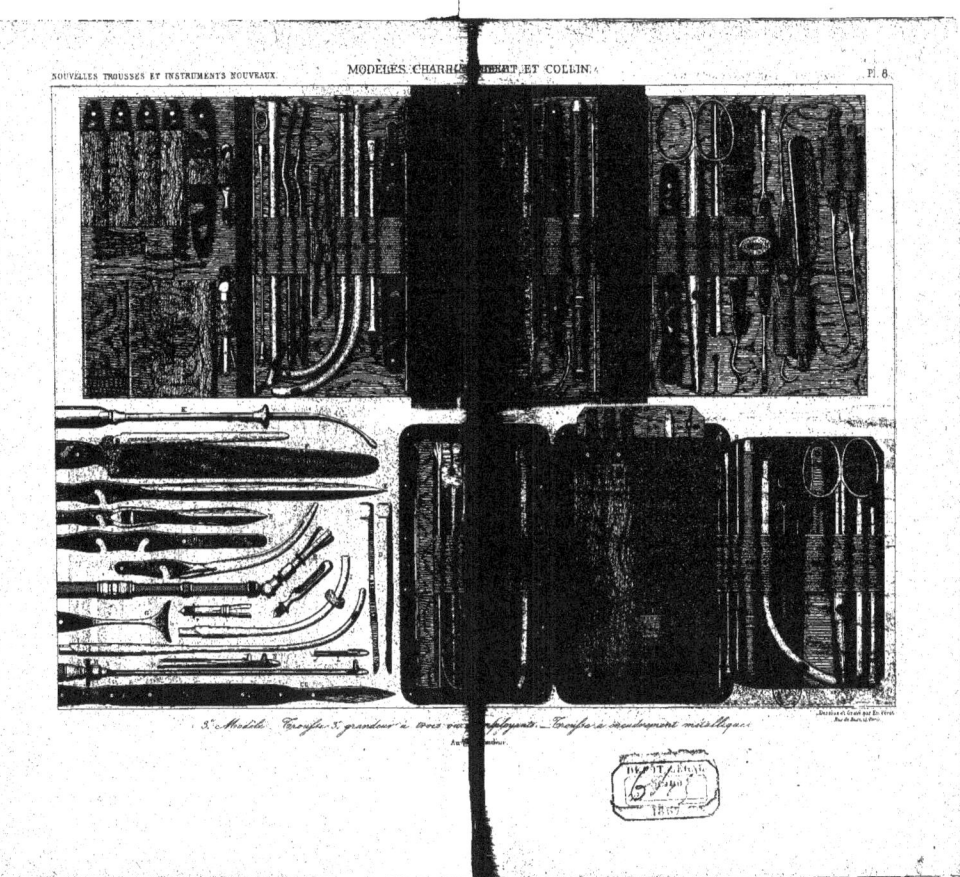

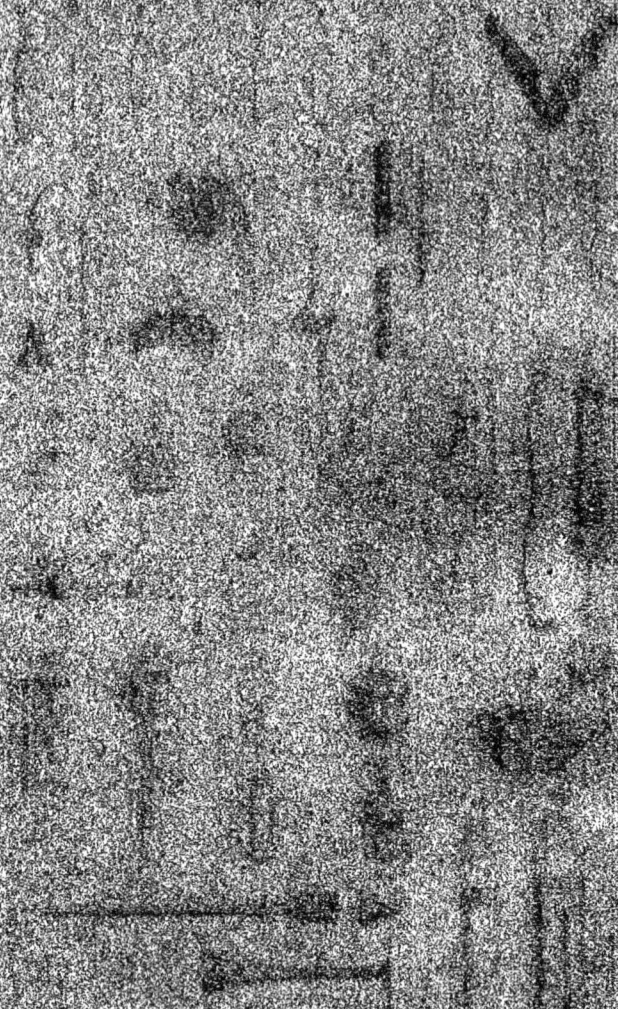

MODÈLES CHARRIÈRE_ROBERT ET COLLIN

Pl. 9

DESSINÉ ET GRAVÉ PAR E. PÉROT 14, rue de Buci

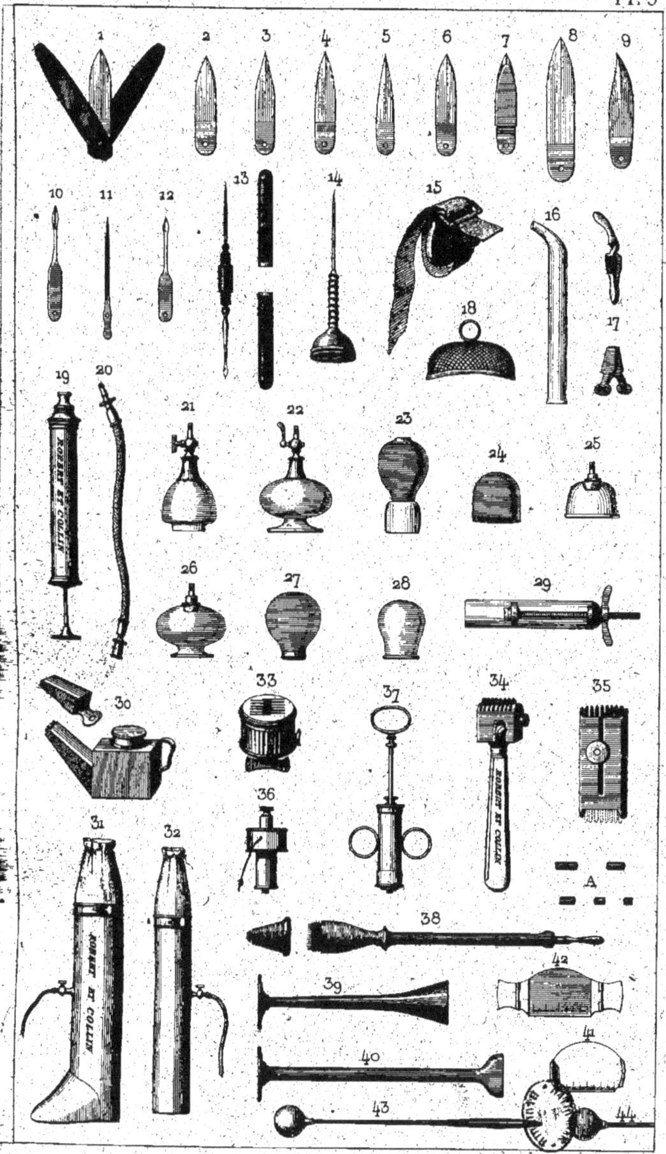

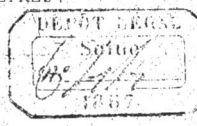

LANCETTES, VENTOUSES, SCARIFICATEURS, STÉTHOSCOPES, PLESSIMÈTRES.

MODÈLES CHARRIÈRE — ROBERT ET COLLIN

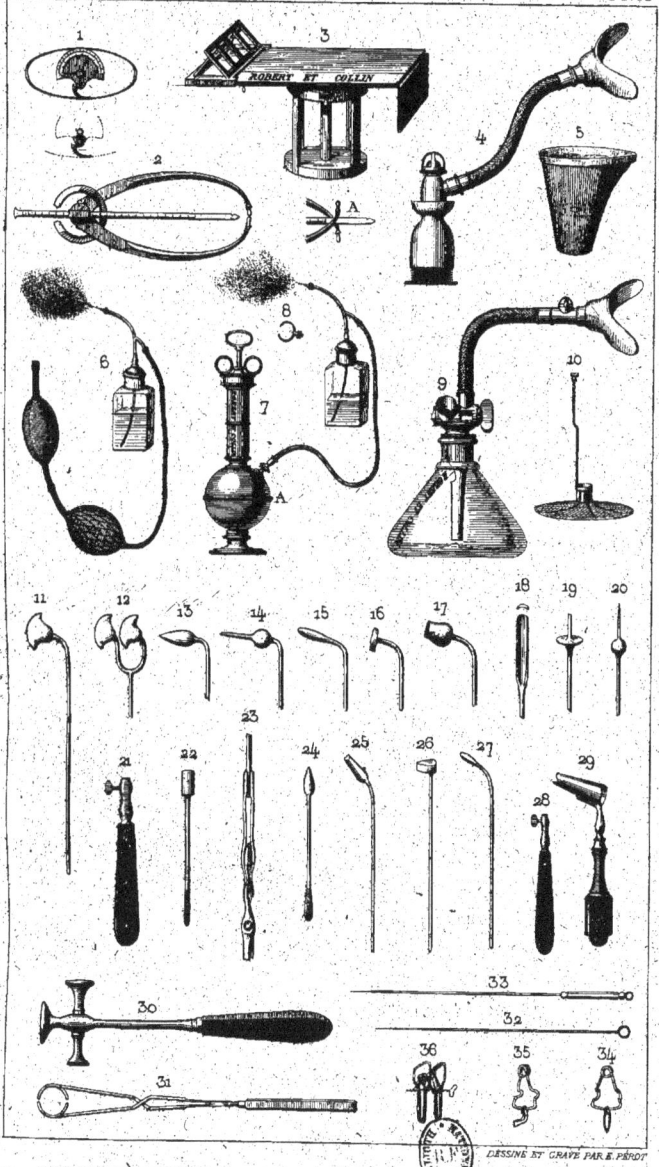

DYNAMOMÈTRE, MENSURATEURS, APPAREILS ANESTHÉSIQUES,
CAUTÈRES, PORTE-MOXA, SERRE-FINE.

MODÈLES CHARRIÈRE_ROBERT ET COLLIN

Pl. 11.

DESSINÉ ET GRAVÉ PAR B. FÉROT.

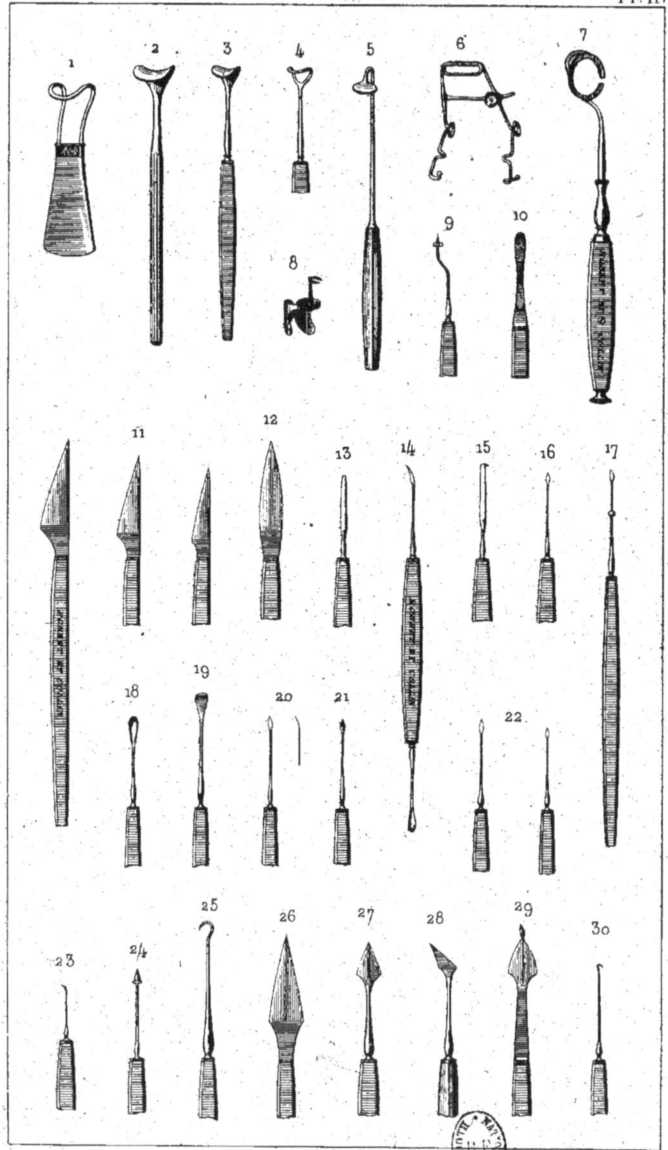

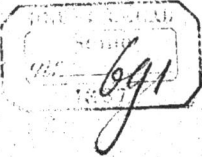

INSTRUMENTS POUR LES MALADIES DES YEUX.

MODÈLES CHARRIÈRE_ROBERT ET COLLIN

Pl. 12.

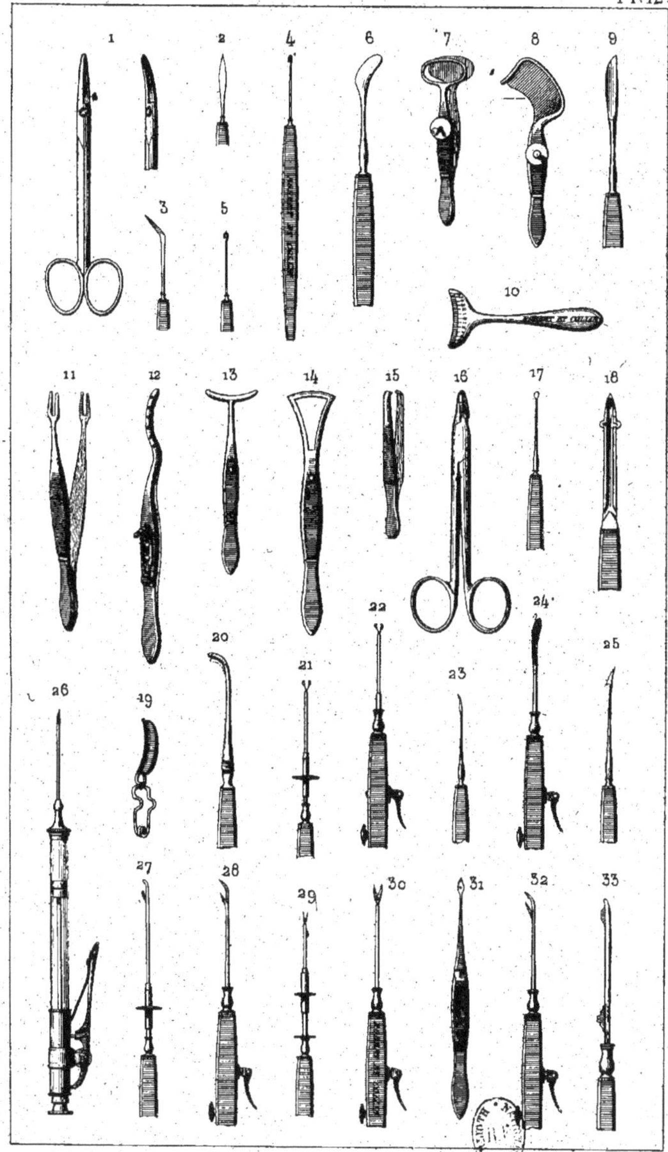

DESSINÉ ET GRAVÉ PAR E. PÉROT.

INSTRUMENTS POUR LES MALADIES DES YEUX.

Imp. Lemercier et Cie Paris.

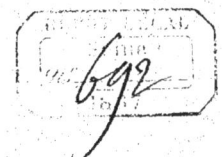

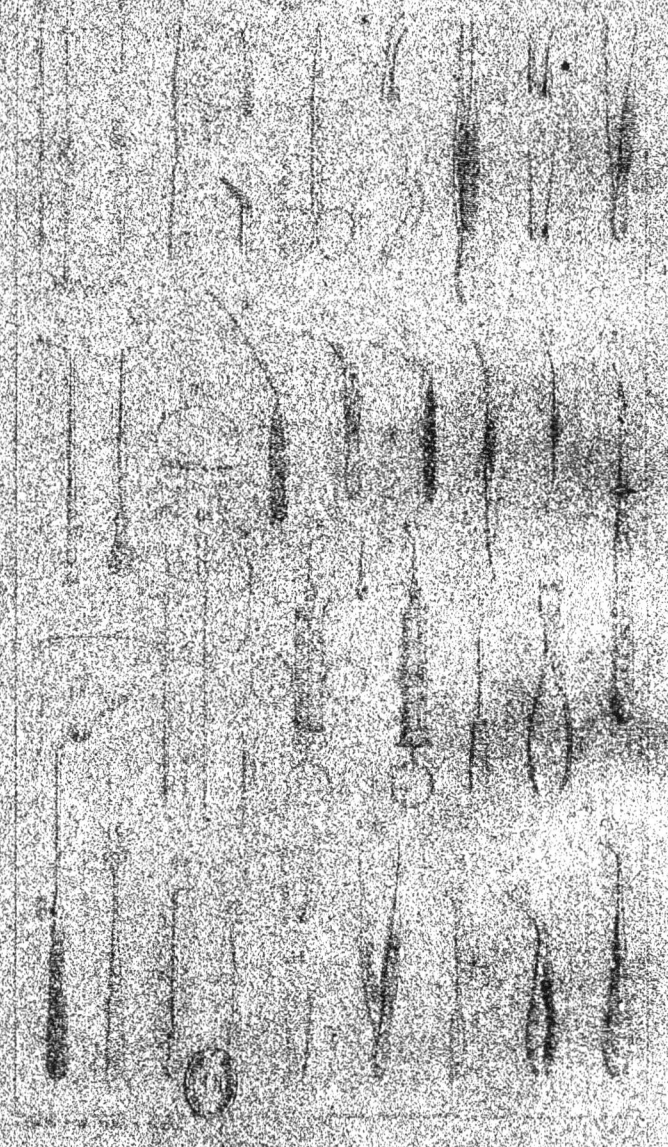

MODÈLES CHARRIÈRE — ROBERT ET COLLIN

Pl. 13.

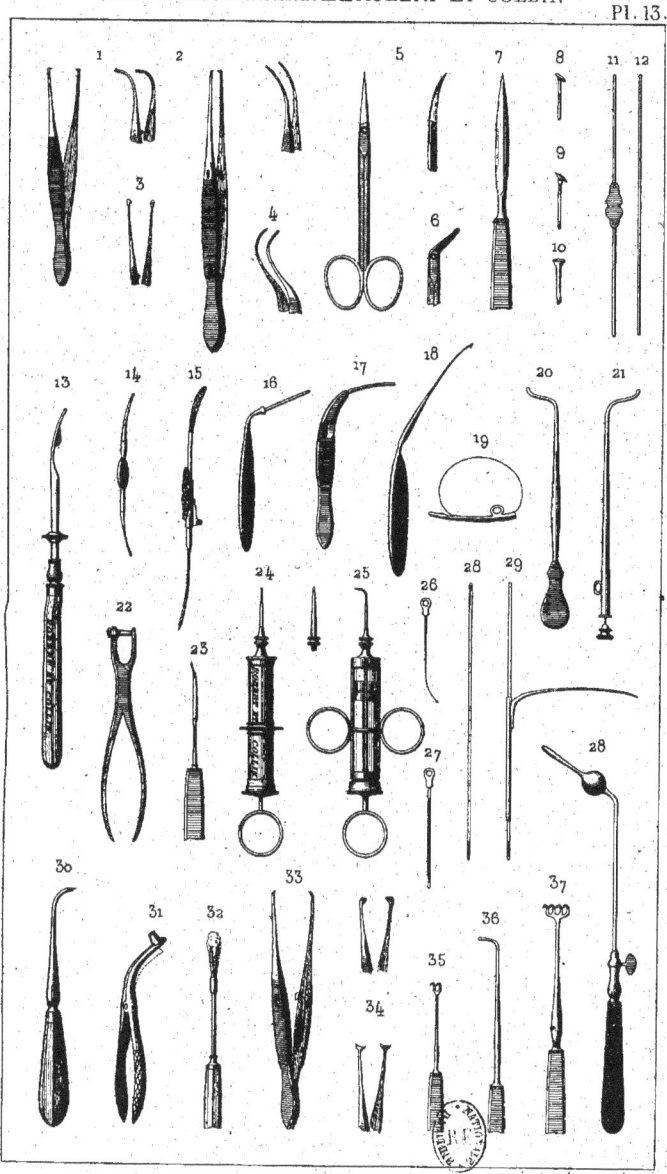

INSTRUMENTS POUR LES MALADIES DES YEUX.

MODÈLES CHARRIÈRE — ROBERT ET COLLIN — Pl. 14

INSTRUMENTS POUR LES MALADIES DES YEUX

MODÈLES CHARRIÈRE — ROBERT ET COLLIN
Pl. 15.

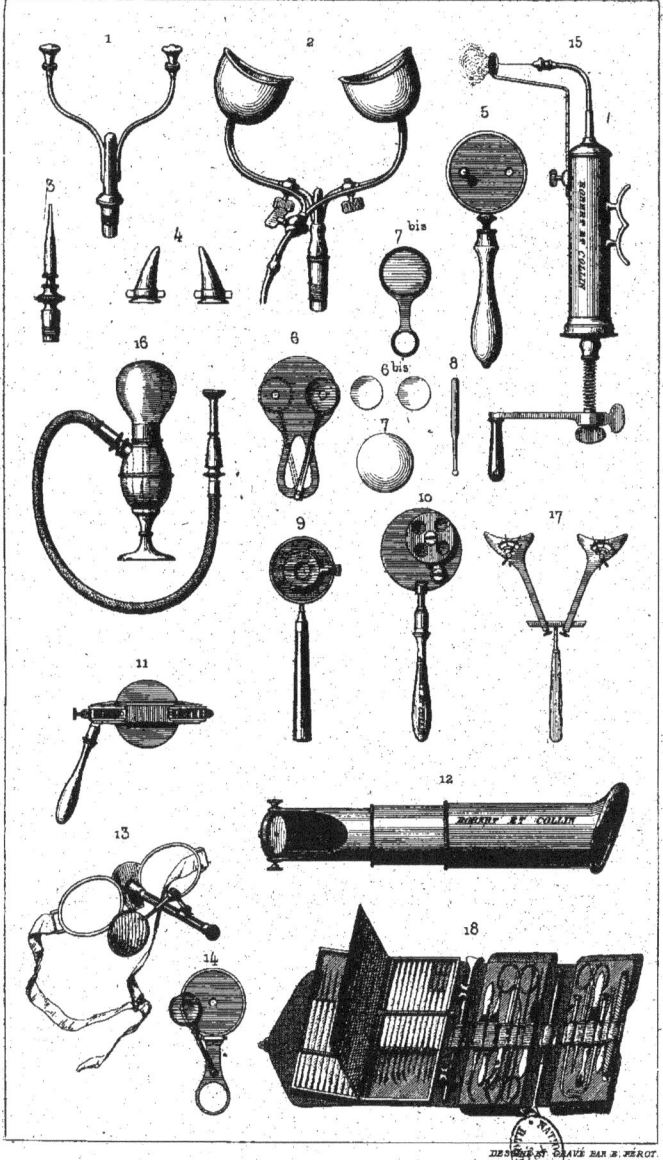

APPAREILS ET INSTRUMENTS POUR LES MALADIES DES YEUX

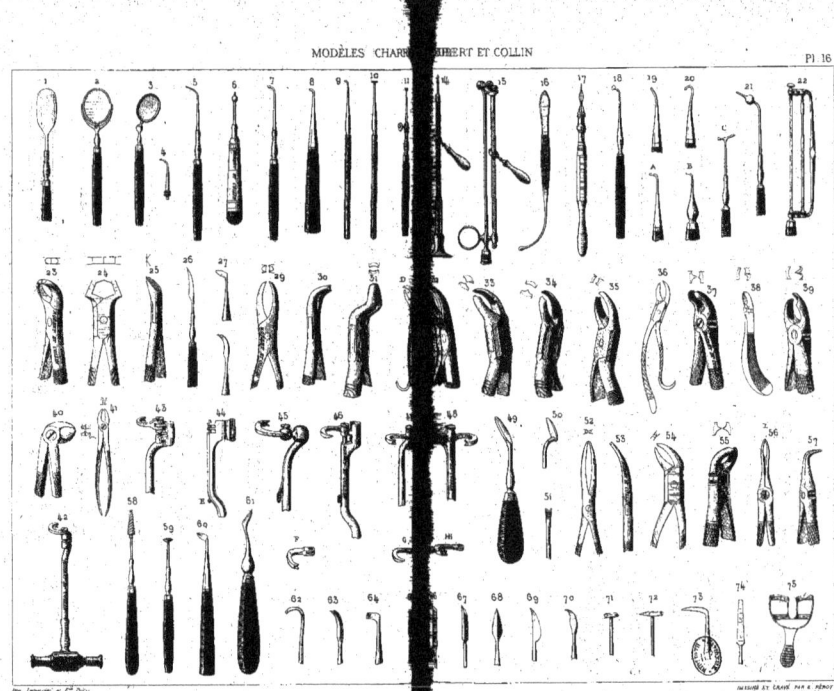
INSTRUMENTS POUR LES DENTS

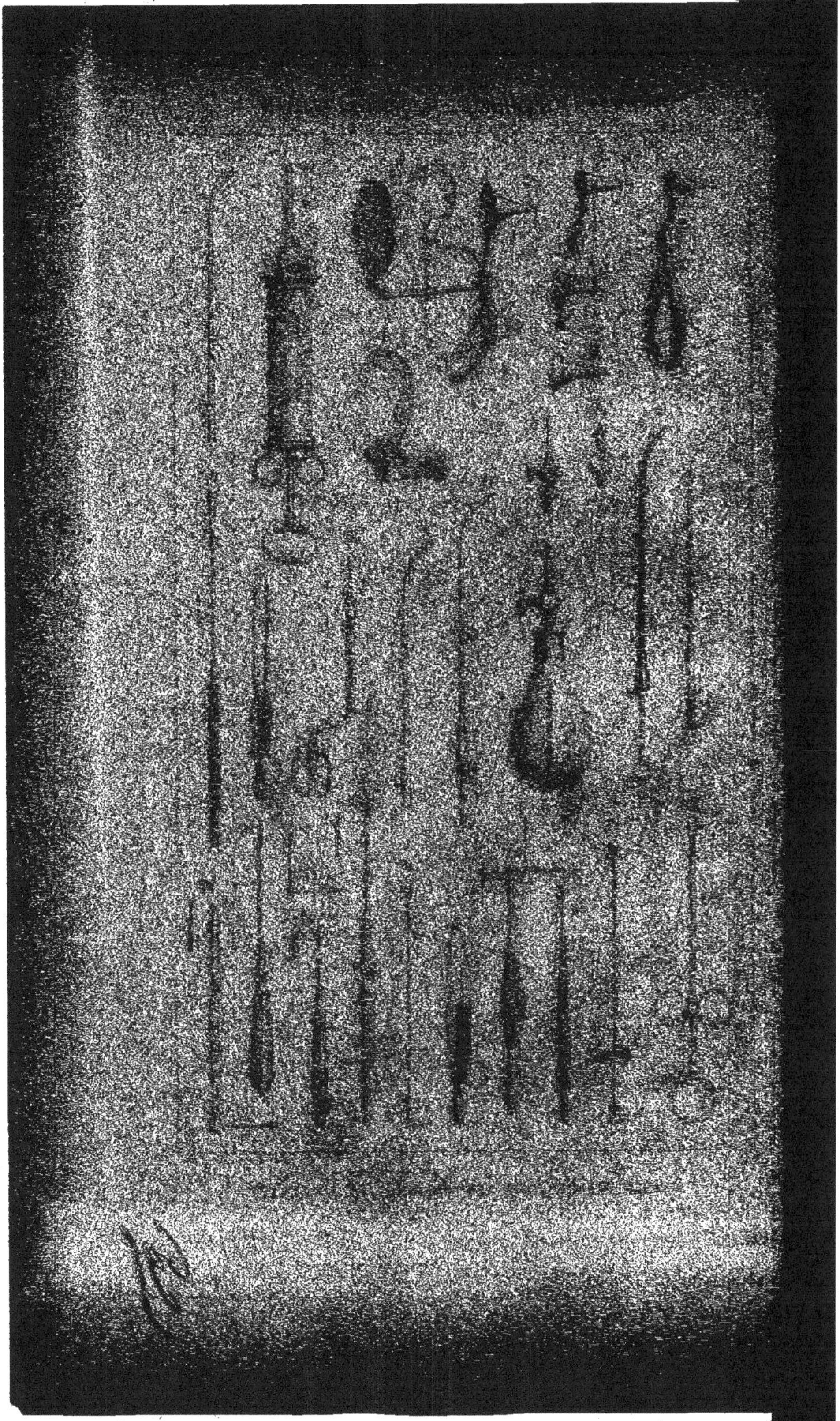

MODÈLES CHARRIÈRE_ROBERT ET COLLIN

Pl. 17

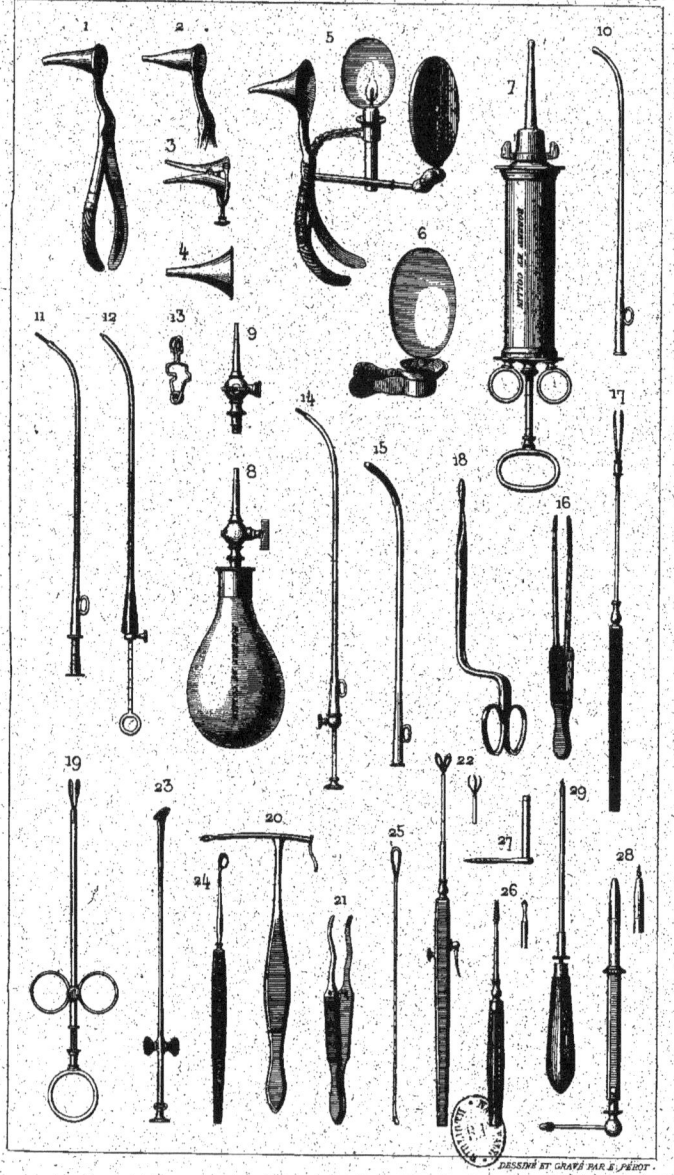

INSTRUMENTS POUR LES MALADIES DE L'OREILLE

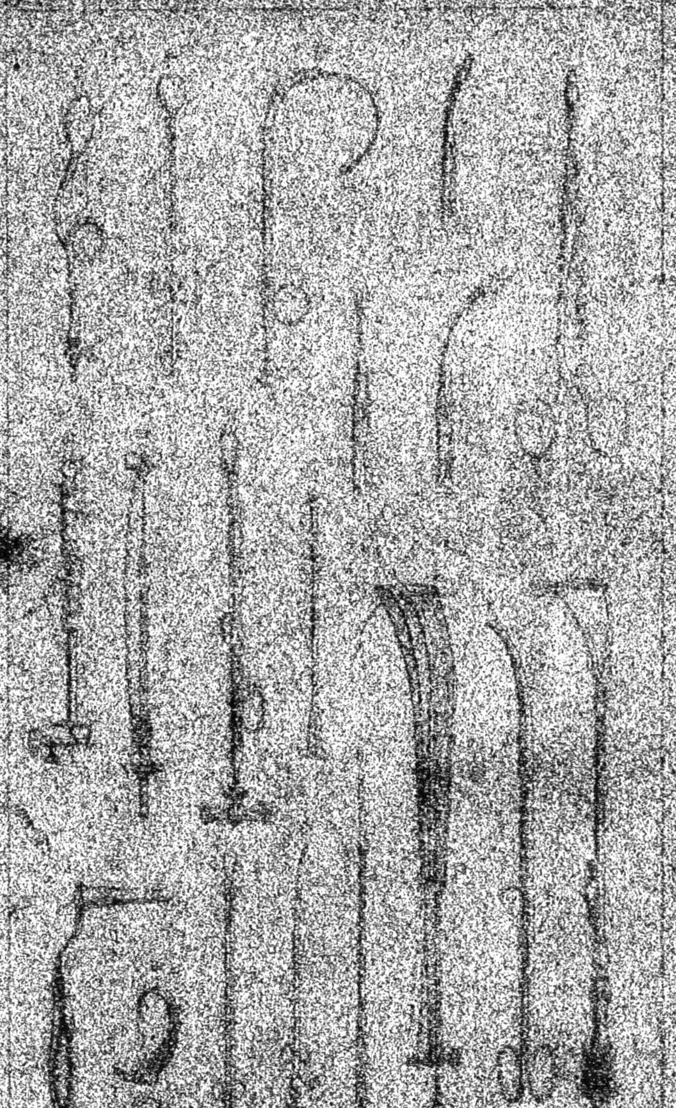

MODÈLES CHARRIÈRE — ROBERT ET COLLIN
Pl. 18

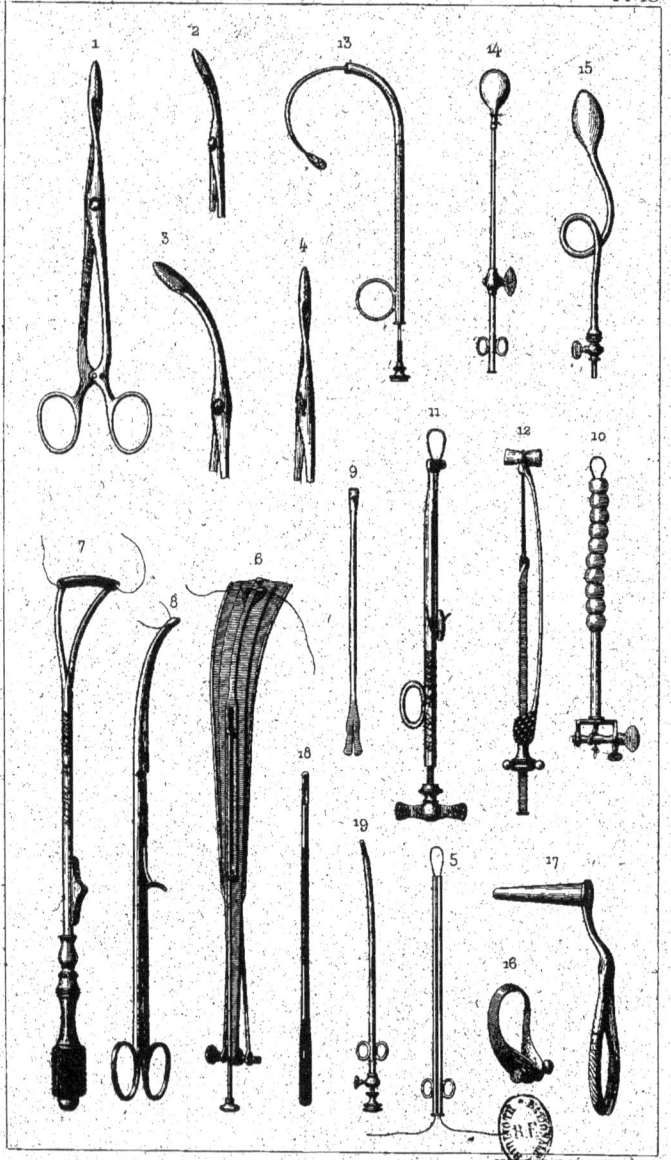

INSTRUMENTS POUR OPÉRER DANS LES FOSSES NASALES
ET A LA BASE DU CRÂNE

MODÈLES CHARRIÈRE_ROBERT ET COLLIN

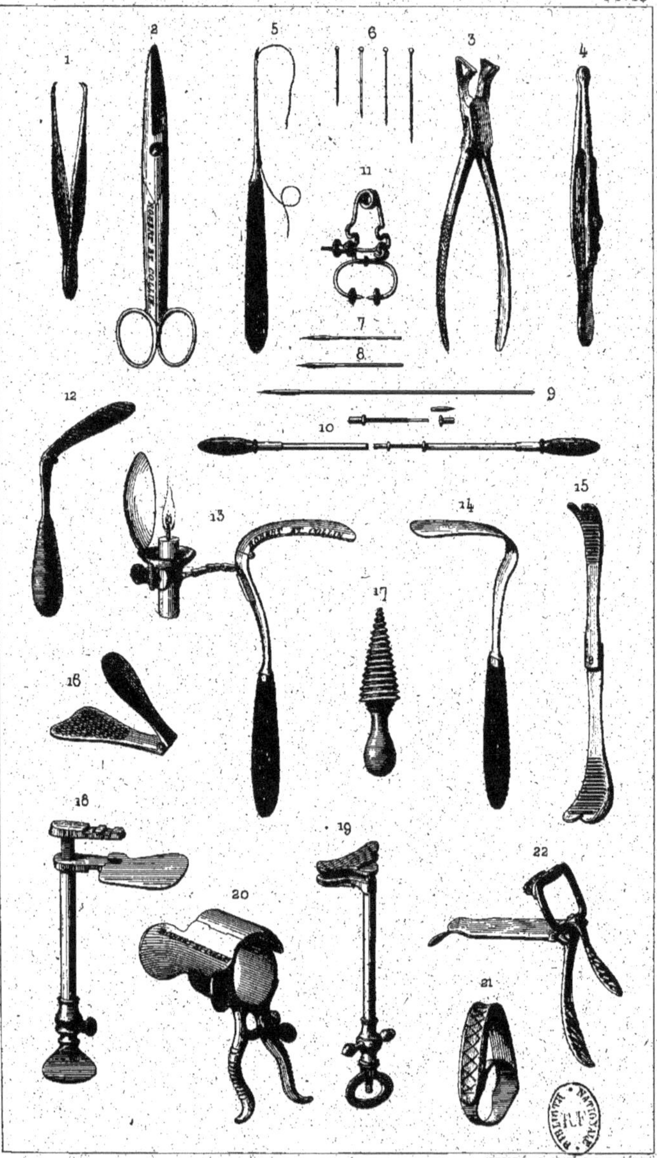

DESSINÉ ET GRAVÉ PAR E. PÉROT.

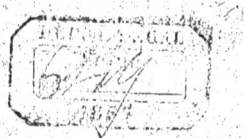

INSTRUMENTS POUR OPÉRER LE BEC DE LIÈVRE
ET POUR LA BOUCHE

MODÈLES CHARRIÈRE – ROBERT ET COLLIN

Pl. 20

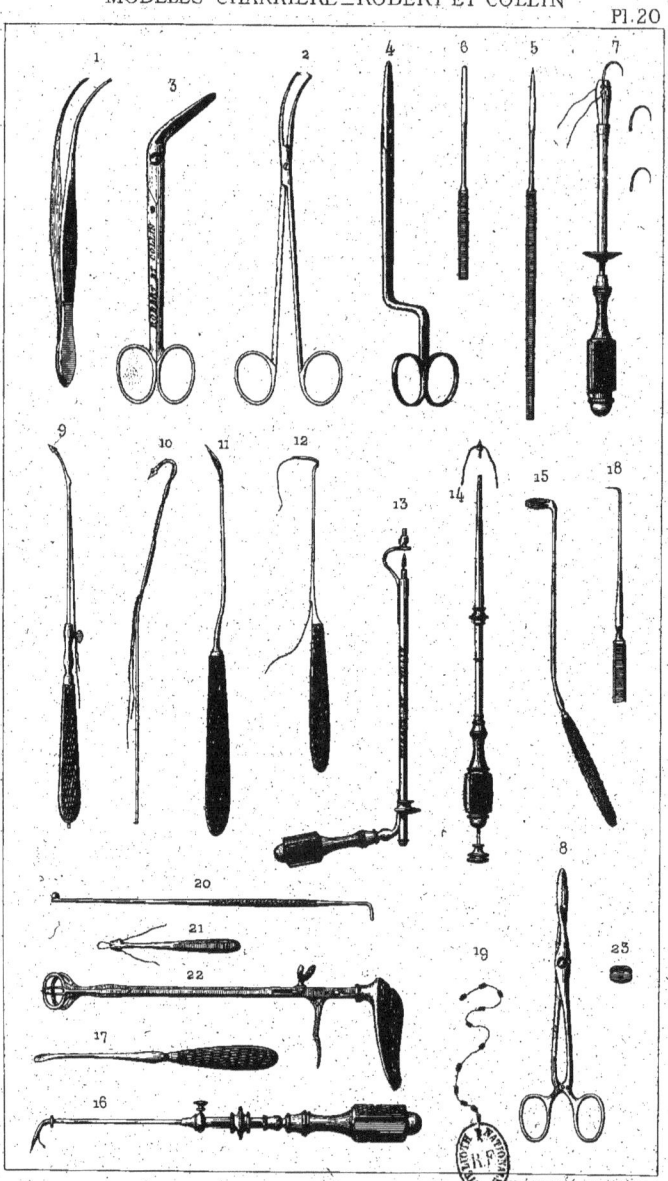

INSTRUMENTS POUR LA STAPHYLORAPHIE

Imp. Lemercier et Cie Paris

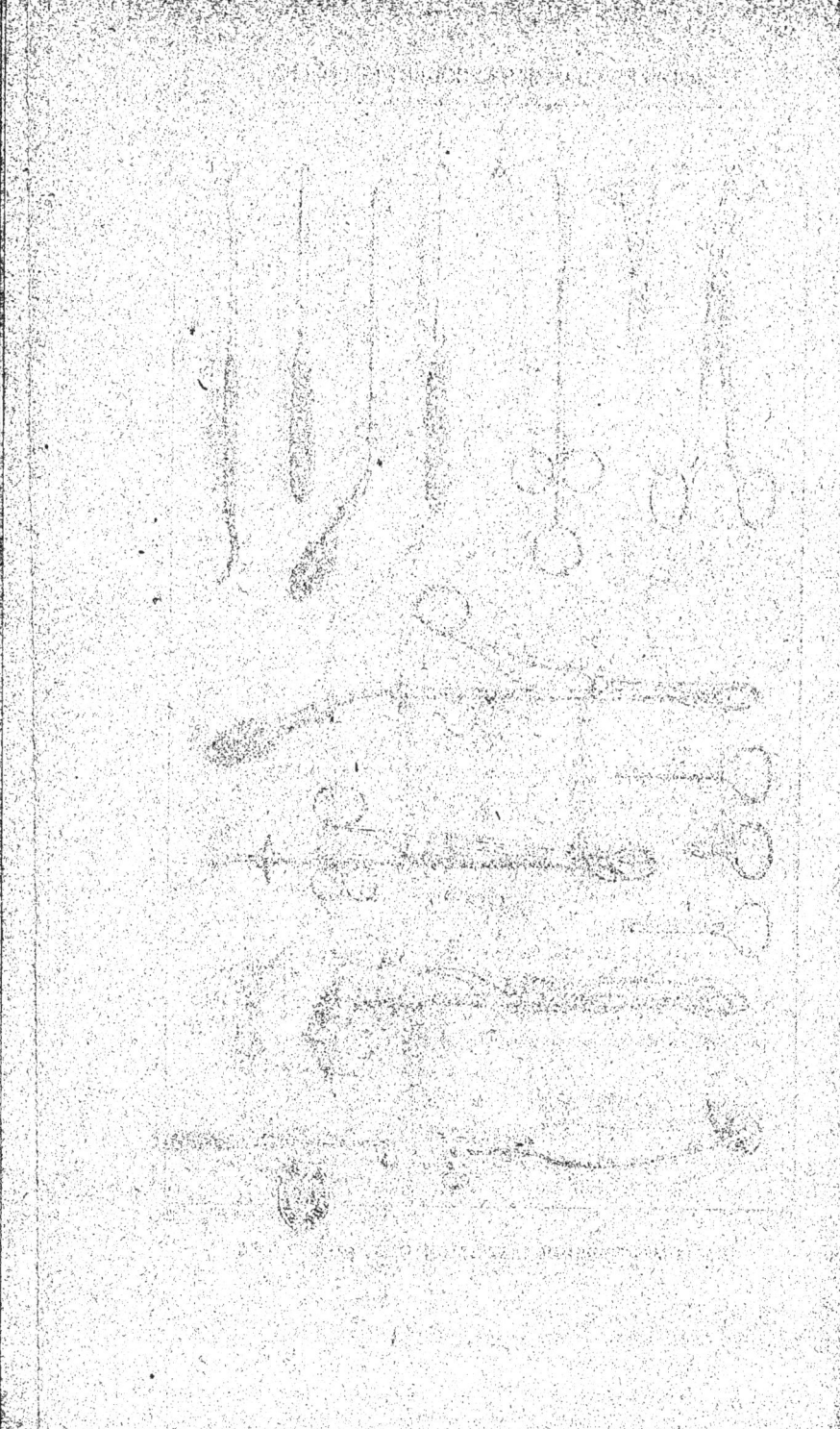

MODÈLES CHARRIÈRE — ROBERT ET COLLIN   Pl. 21.

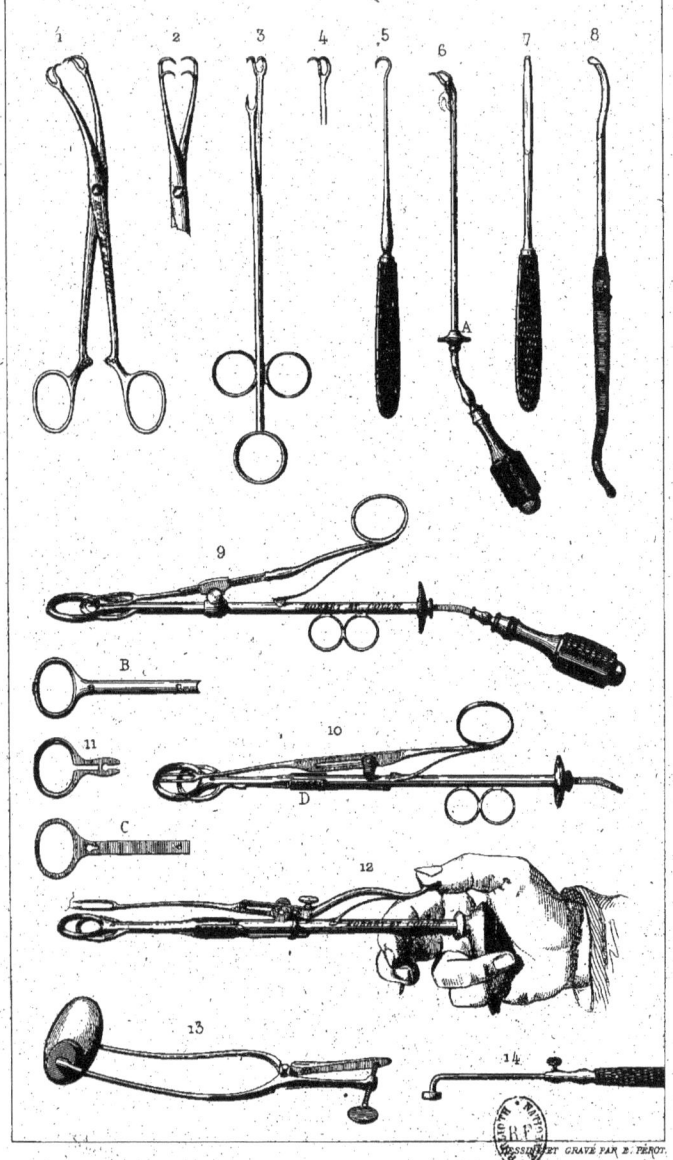

INSTRUMENTS POUR L'EXCISION DES AMYGDALES

MODÈLES CHARRIÈRE – ROBERT ET COLLIN
Pl 22

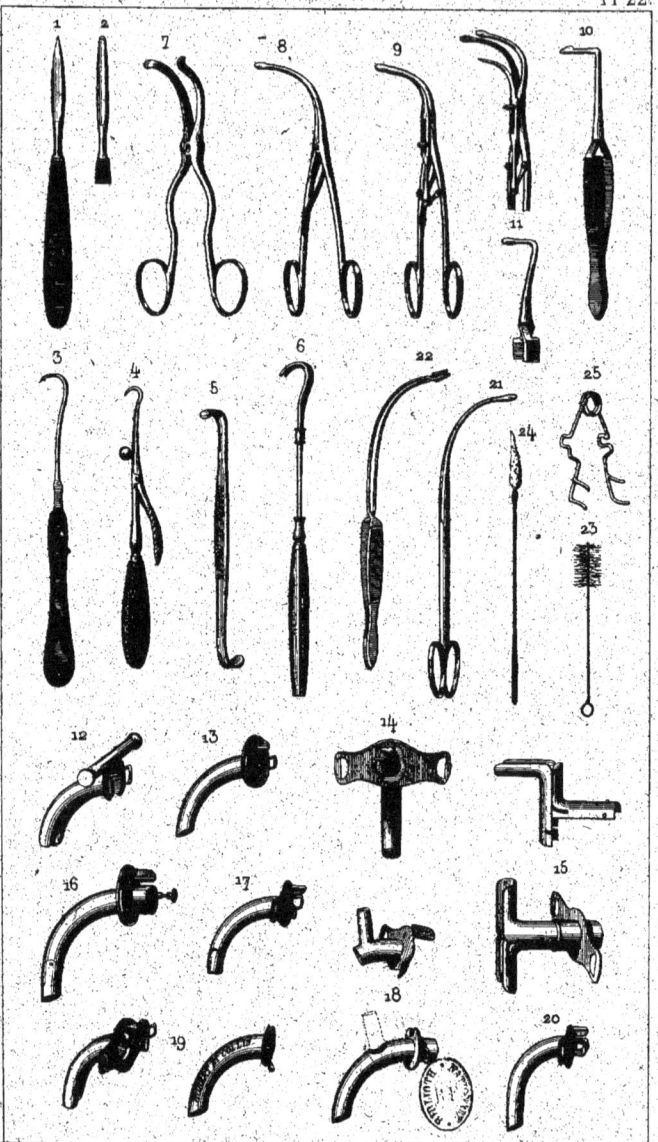

DESSINÉ ET GRAVÉ PAR E. PÉROT.
14 rue de Buci.

INSTRUMENTS POUR LA TRACHÉOTOMIE.

MODÈLES CHARRIÈRE _ ROBERT ET COLLIN.

Pl. 23

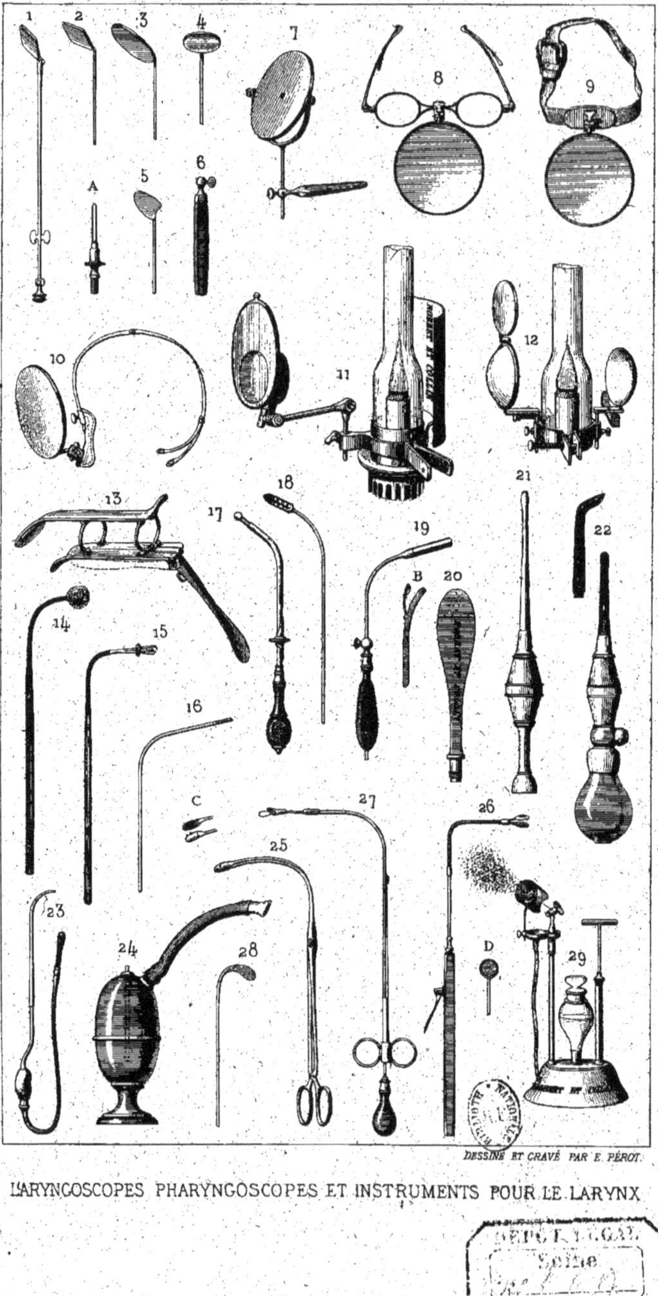

DESSINÉ ET GRAVÉ PAR E. PÉROT.

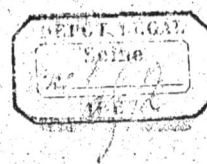

L'ARYNGOSCOPES PHARYNGOSCOPES ET INSTRUMENTS POUR LE LARYNX

MODÈLES CHARRIÈRE _ ROBERT ET COLLIN

Pl. 24

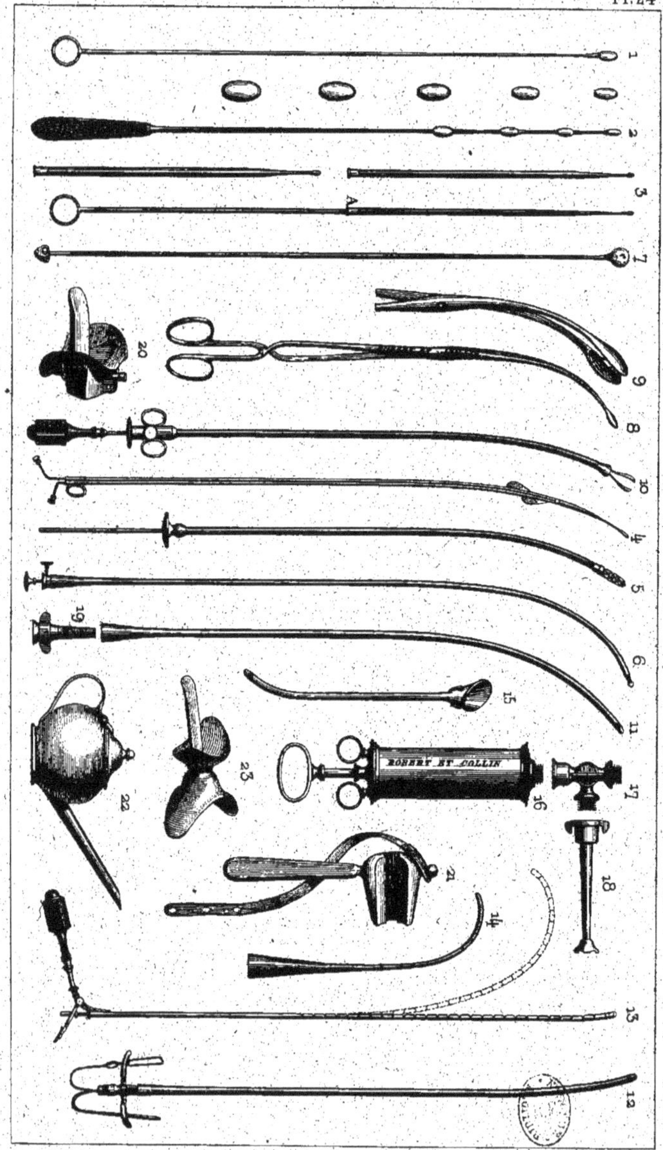

DESSINÉ ET GRAVÉ PAR E. PÉROT.

INSTRUMENTS POUR L'ŒSOPHAGE ET L'ALIMENTATION ARTIFICIELLE.

Imp. Lemercier et Cie Paris

MODÈLES CHARRIÈRE — ROBERT ET COLLIN
Pl. 25

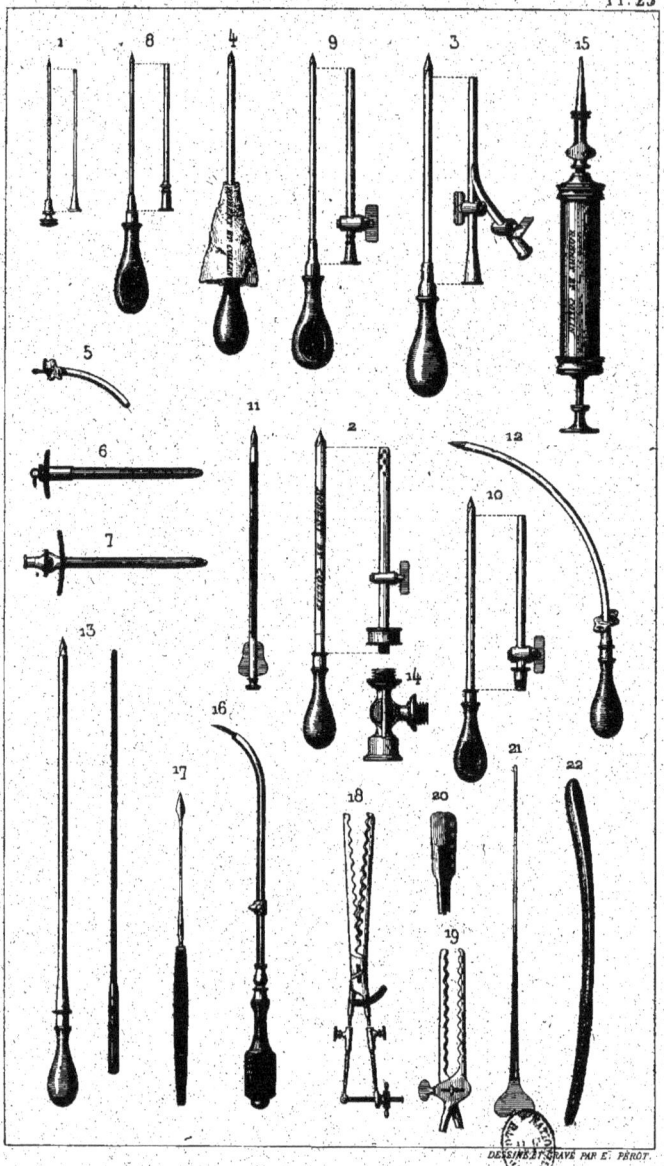

INSTRUMENTS POUR THORACENTÈSE, PONCTIONS DIVERSES, ENTÉROTOMIE, &c.

MODÈLES CHARRIÈRE — ROBERT ET COLLIN
Pl. 26

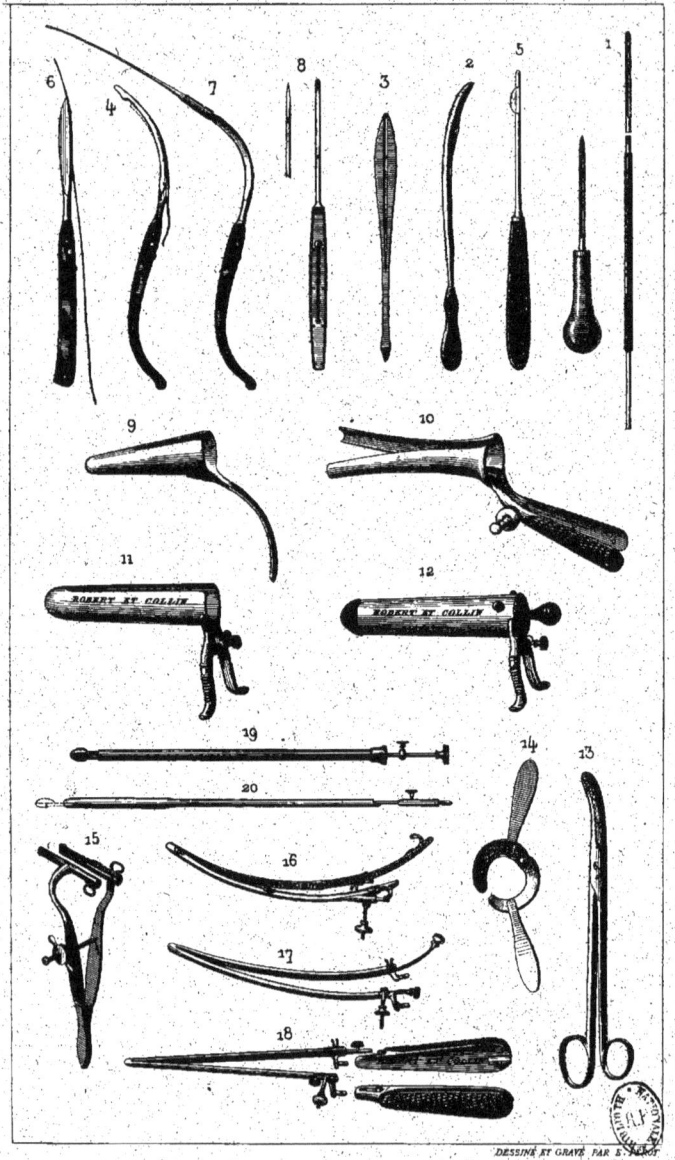

INSTRUMENTS POUR LES HERNIES, LES FISTULES A L'ANUS
ET LES RÉTRÉCISSEMENTS DU RECTUM

MODÈLES CHARRIÈRE_ROBERT ET COLLIN

Pl. 27.

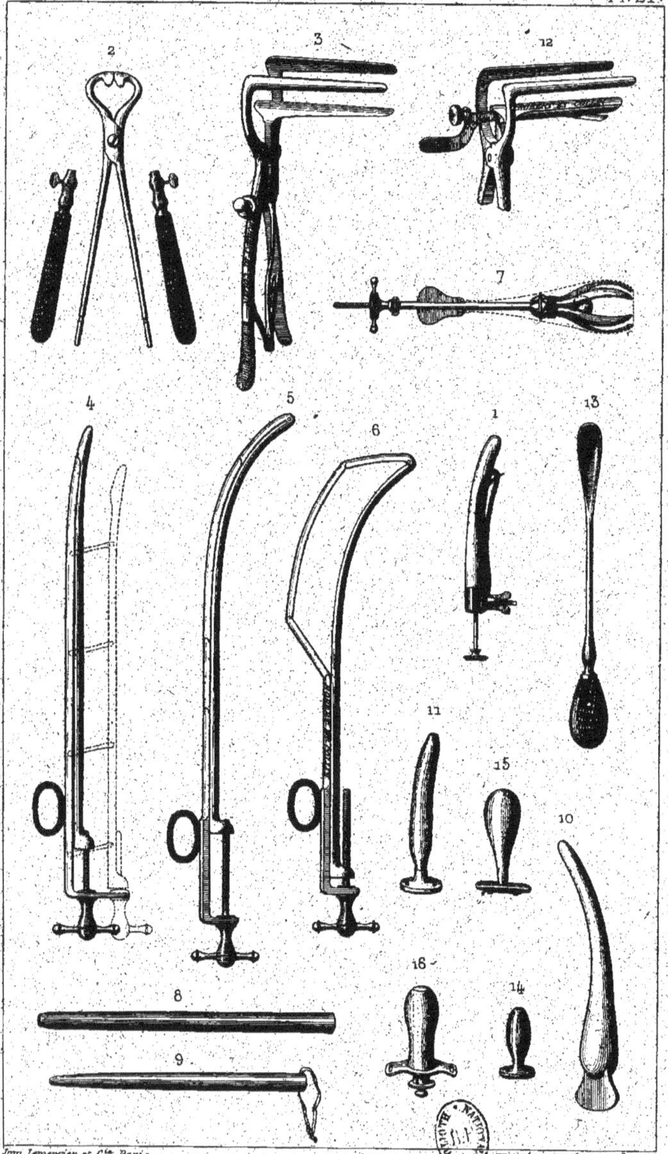

Imp. Lemercier et Cie Paris

DESSINÉ ET GRAVÉ PAR B. PÉROT

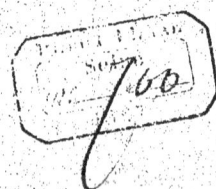

INSTRUMENTS POUR LES RÉTRÉCISSEMENTS DU RECTUM

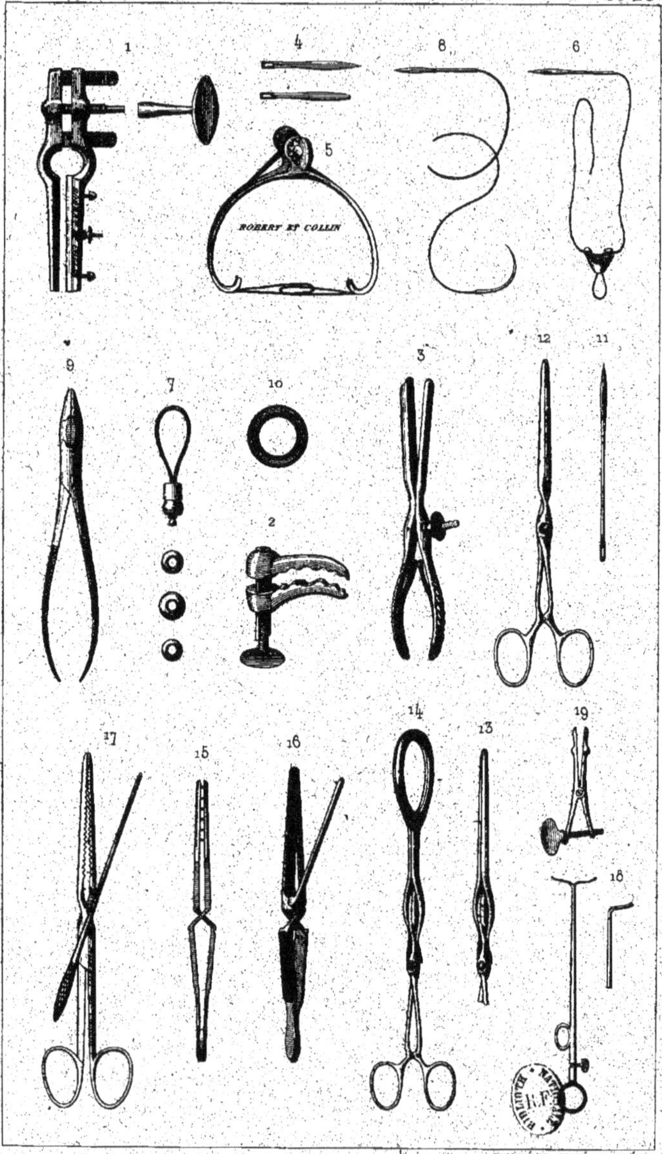

MODÈLES CHARRIÈRE — ROBERT ET COLLIN

INSTRUMENTS POUR LE VARICOCÈLE ET LE PHIMOSIS

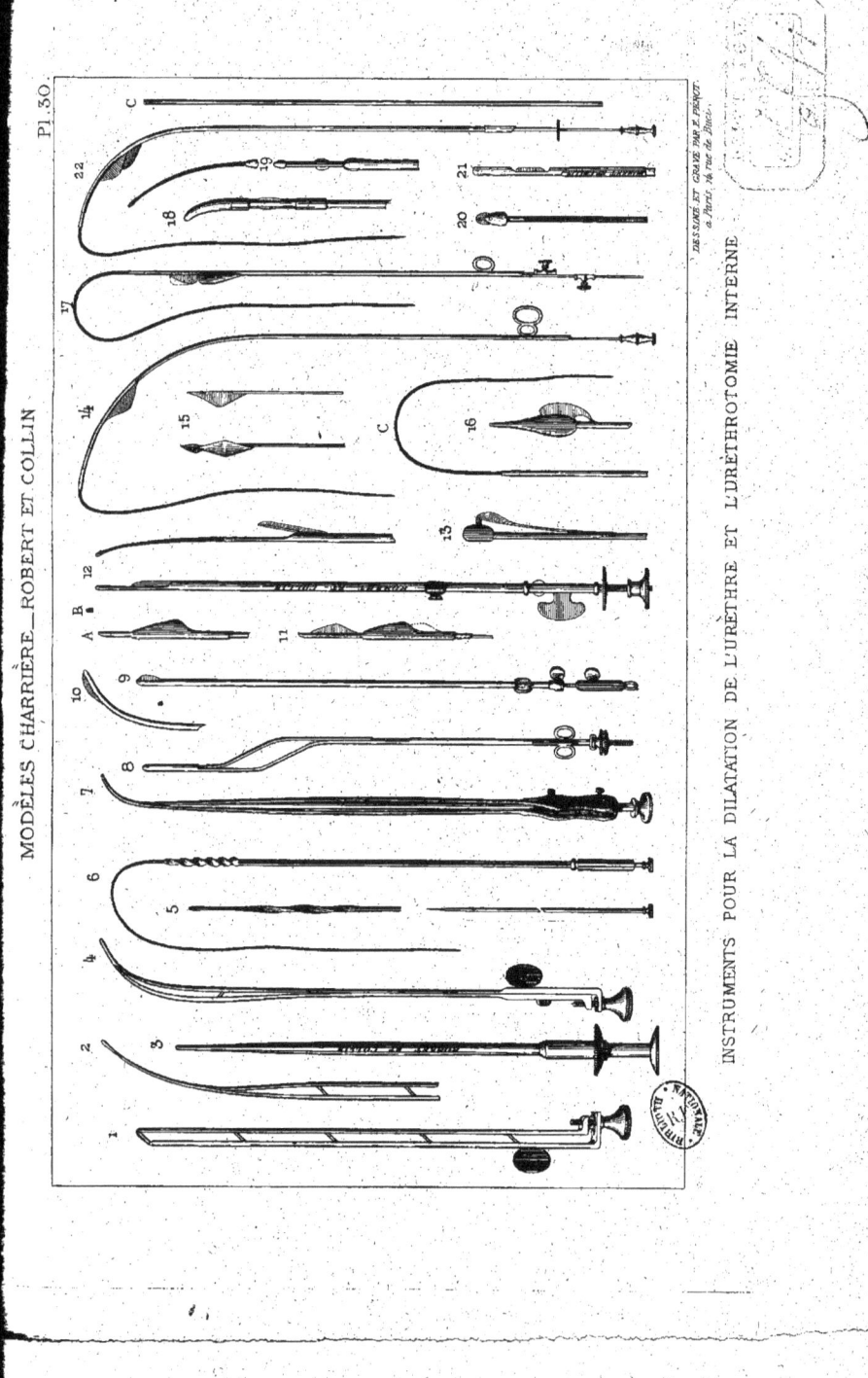

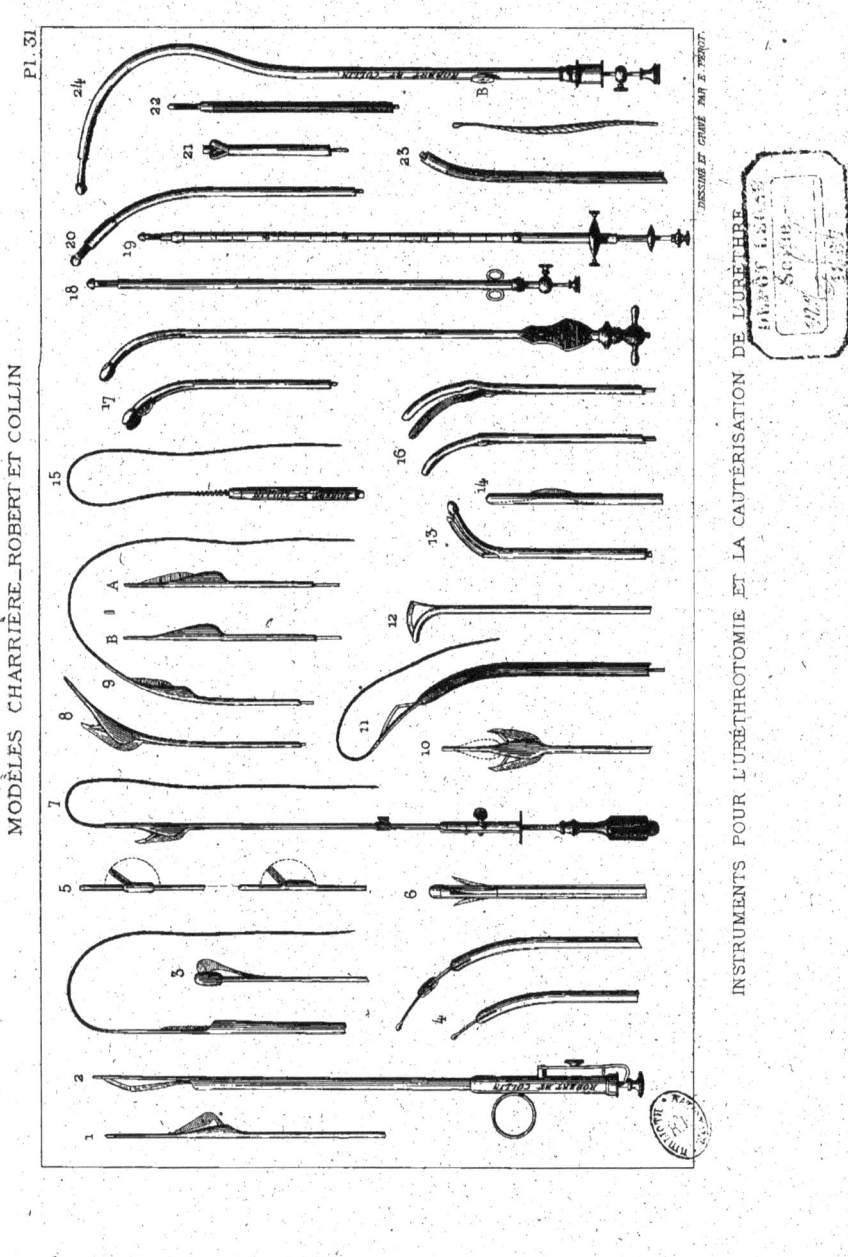

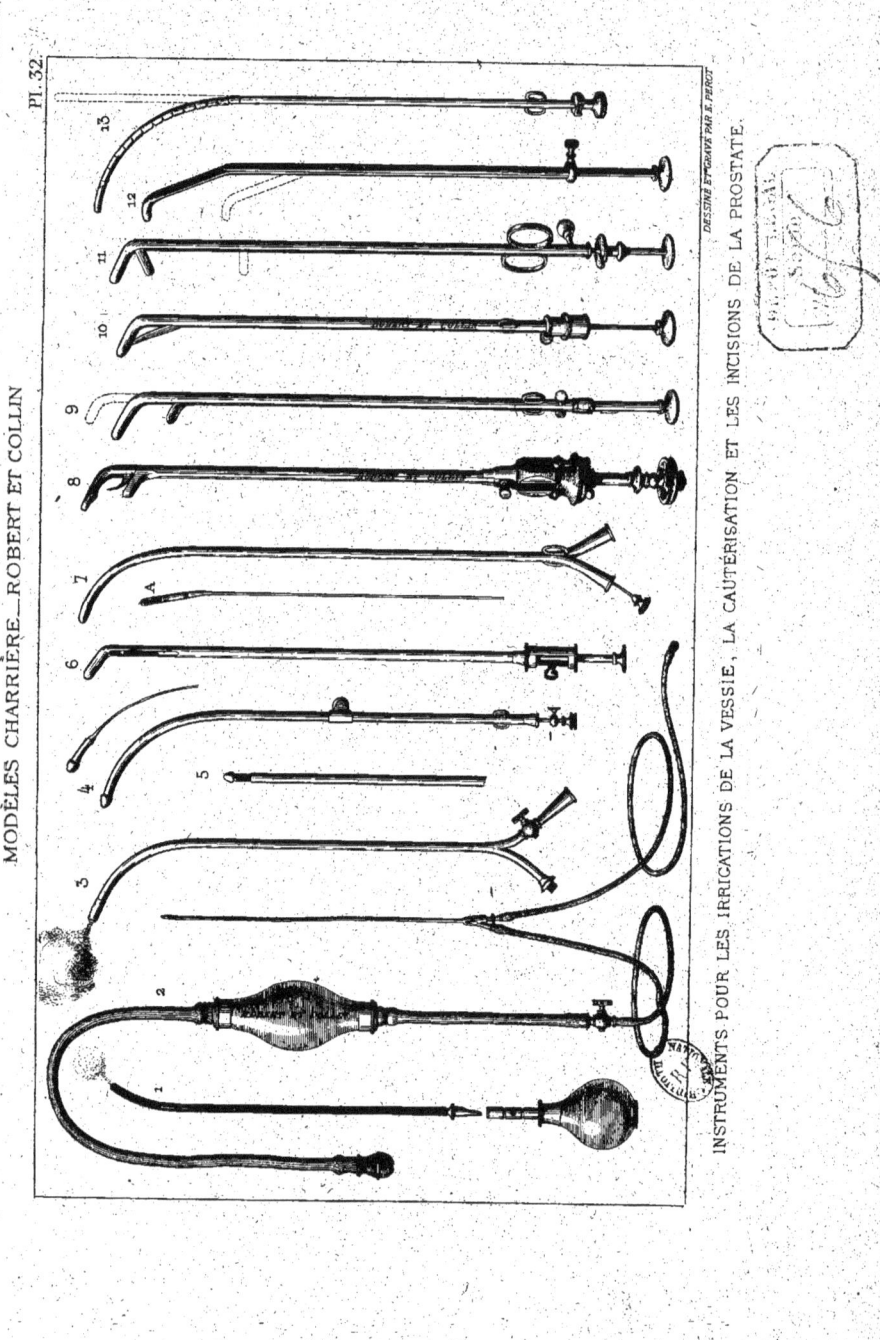

MODÈLES CHARRIÈRE — ROBERT ET COLLIN

INSTRUMENTS POUR LES IRRIGATIONS DE LA VESSIE, LA CAUTÉRISATION ET LES INCISIONS DE LA PROSTATE.

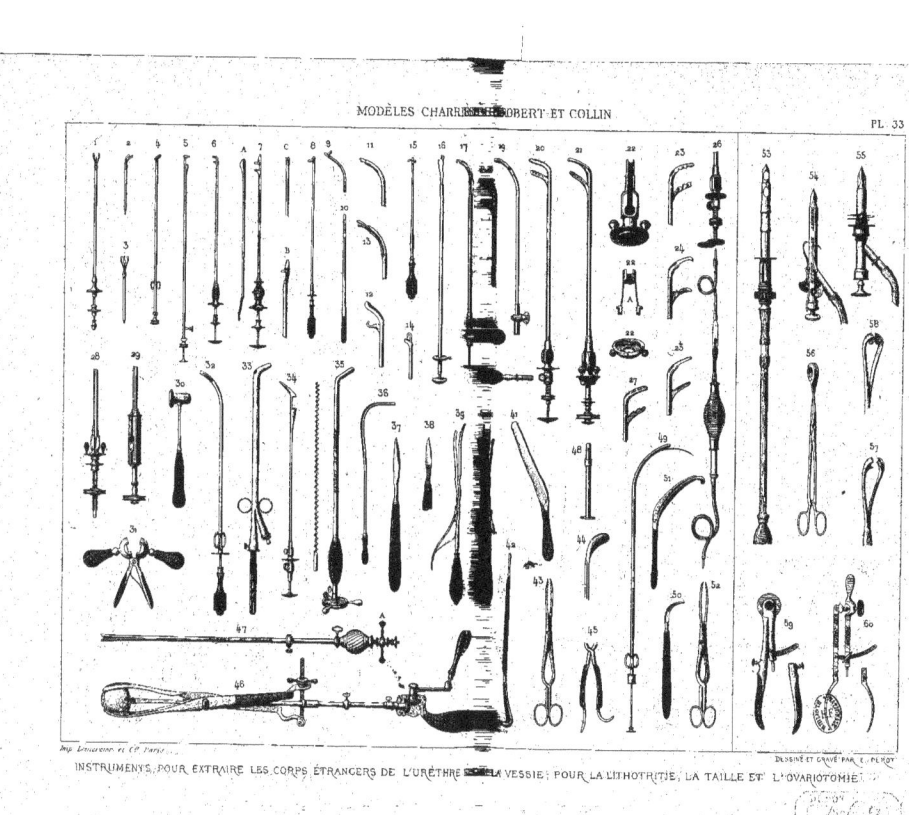

INSTRUMENTS POUR EXTRAIRE LES CORPS ÉTRANGERS DE L'URÈTHRE ET LA VESSIE ; POUR LA LITHOTRITIE, LA TAILLE ET L'OVARIOTOMIE.

MODÈLES CHARRIÈRE_ROBERT ET COLLIN

Pl. 34.

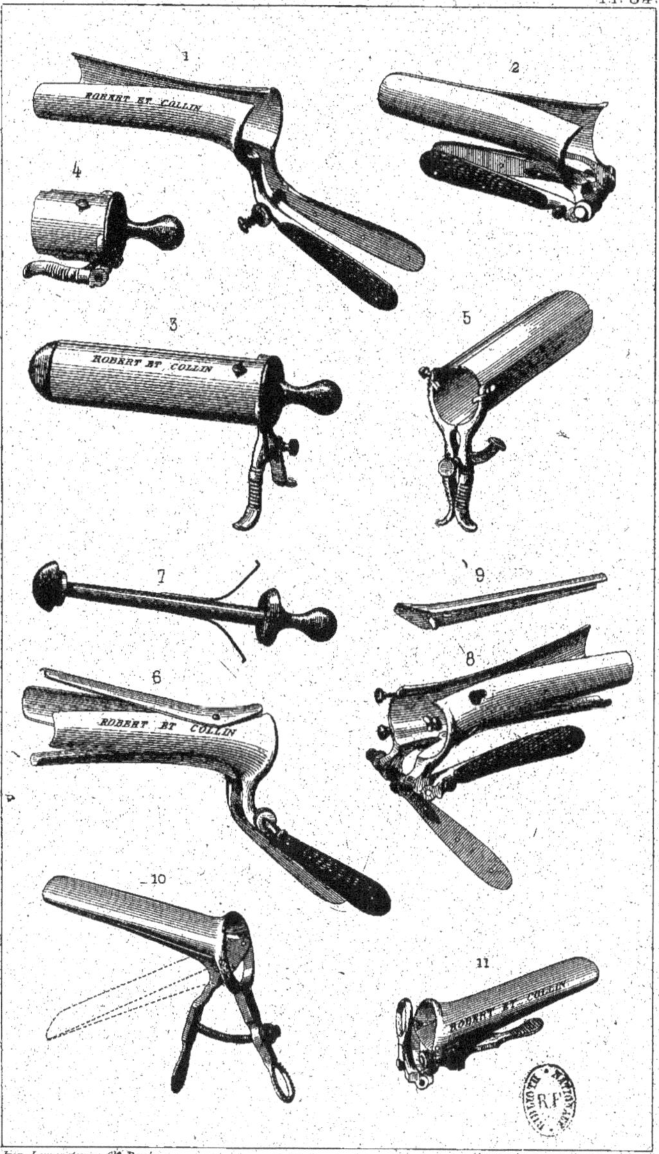

Imp. Lemercier et Cie Paris.

DESSINÉ ET GRAVÉ PAR E. PÉROT.
Paris, 14, rue de Buci.

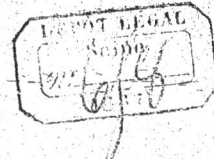

SPÉCULUMS

MODÈLES CHARRIÈRE_ROBERT ET COLLIN

Pl. 35

DESSINÉ ET GRAVÉ PAR E. PÉROT.

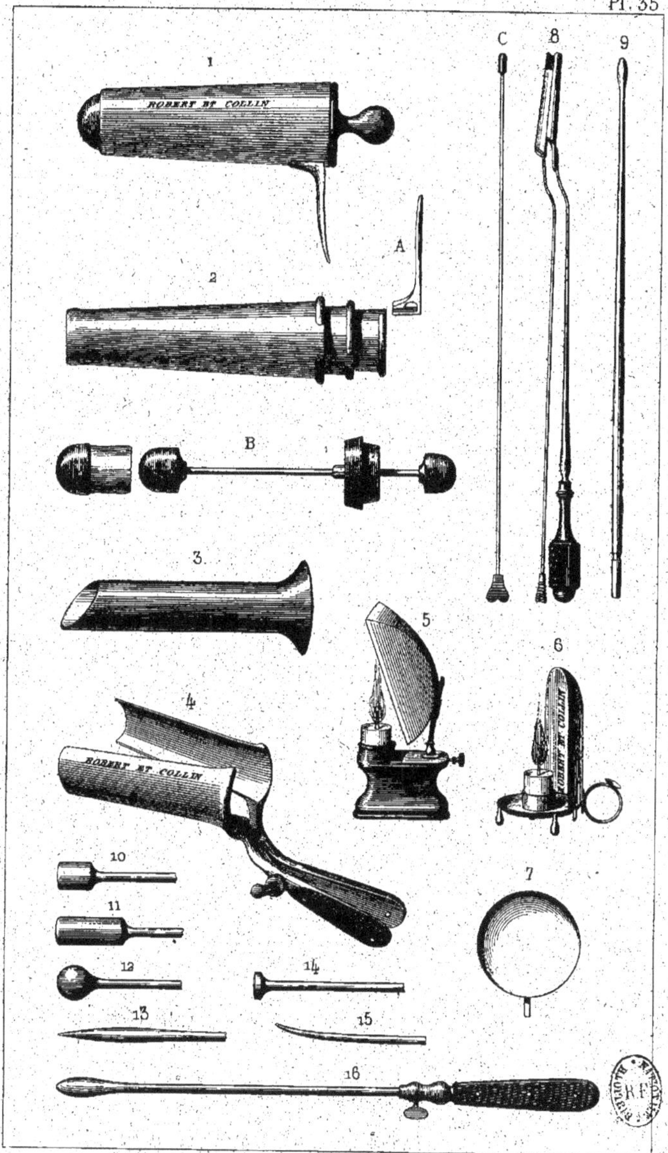

SPÉCULUMS, RÉFLECTEURS, CAUTÈRES.

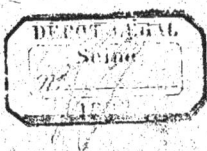

MODÈLES CHARRIÈRE _ ROBERT ET COLLIN

Pl. 36.

DESSINÉ ET GRAVÉ PAR E. PÉROT.

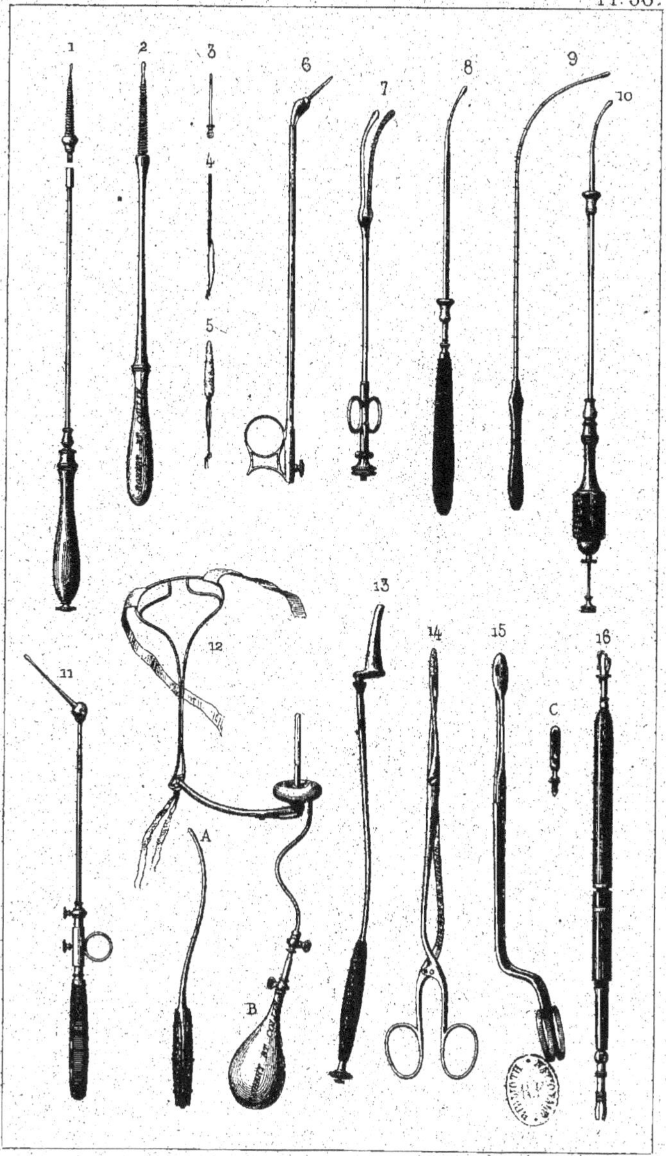

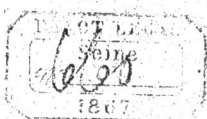

HYSTÉROMÈTRES, DILATATEURS, PINCES ET PORTE-CAUSTIQUE

MODÈLES CHARRIÈRE — ROBERT ET COLLIN
Pl. 37.

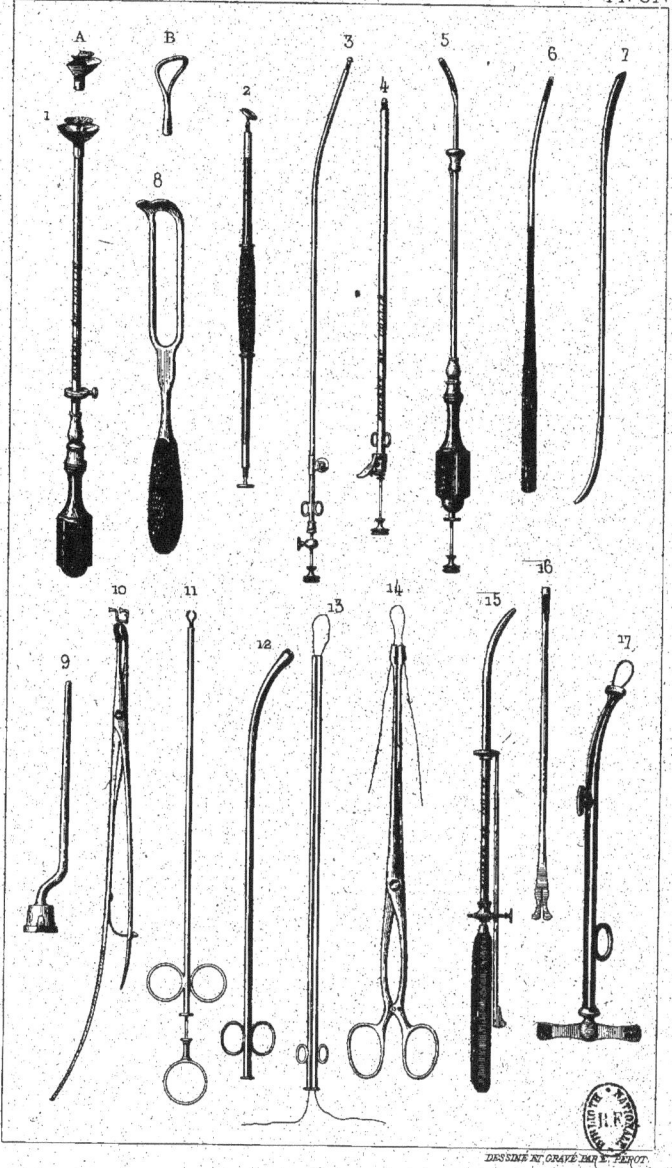

PORTE-CAUSTIQUE, PORTE-LIGATURE, SERRE-NŒUD.

MODÈLES CHARRIÈRE — ROBERT ET COLLIN   Pl. 38.

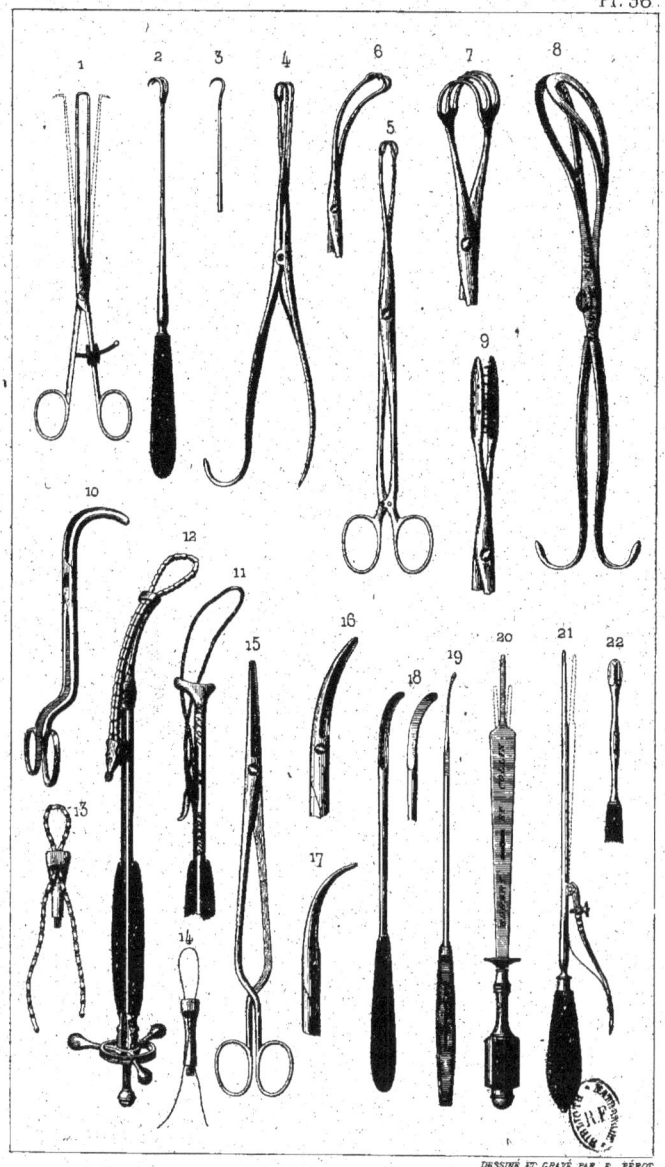

PINCES A POLYPES, CONSTRICTEURS, HYSTEROTÔMES.

MODÈLES. CHARRIÈRE — ROBERT ET COLLIN
Pl. 39.

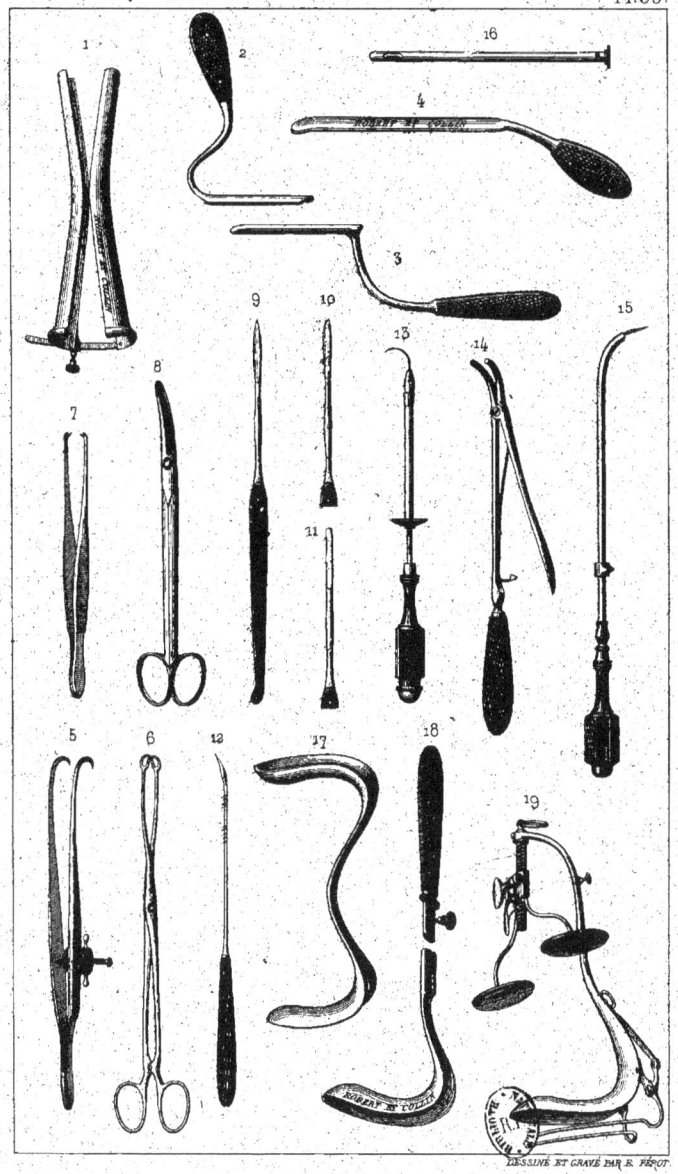

SPÉCULUMS ET INSTRUMENTS POUR FISTULE VÉSICO-VAGINALE

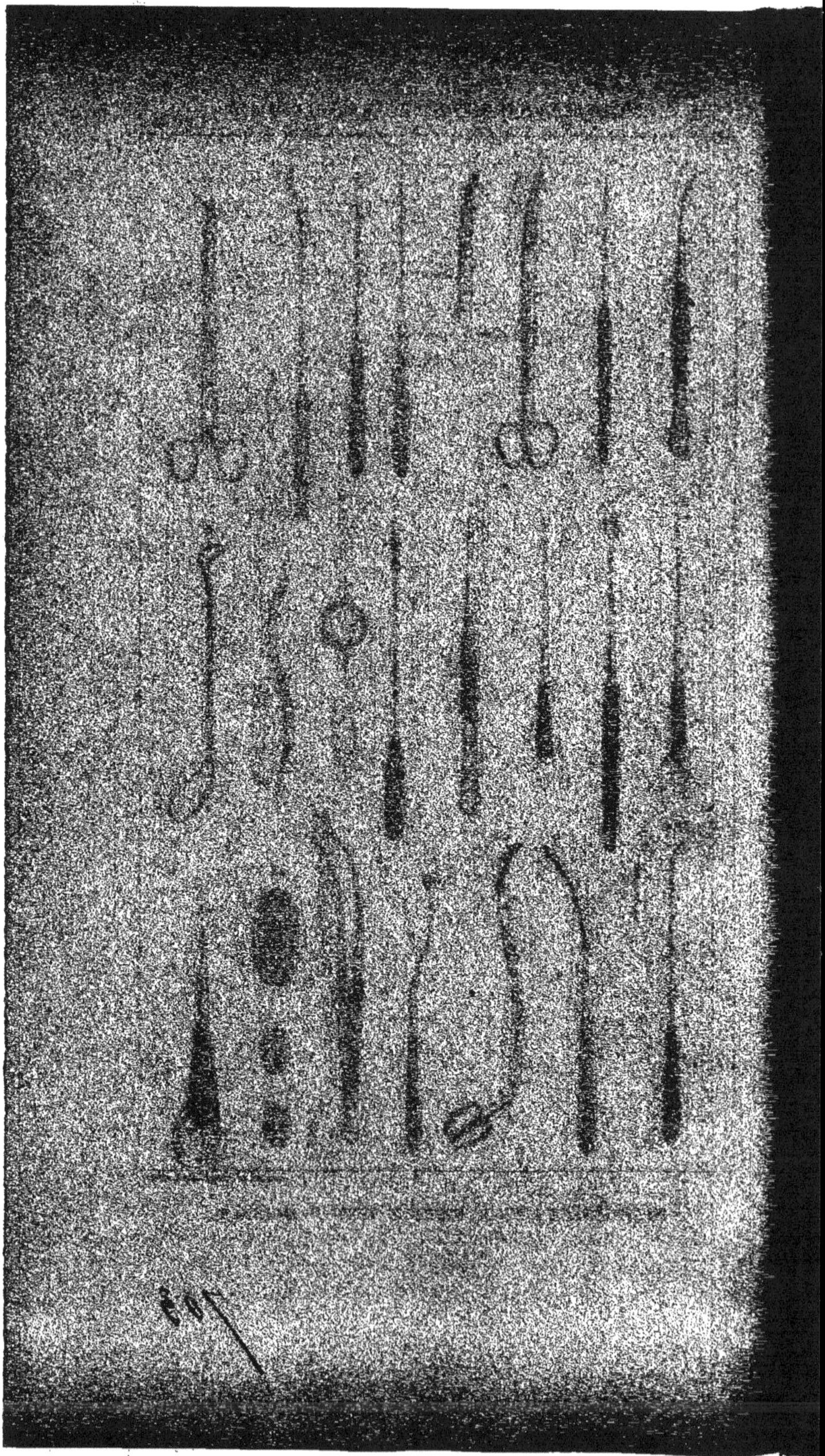

MODÈLES CHARRIÈRE — ROBERT ET COLLIN Pl. 40.

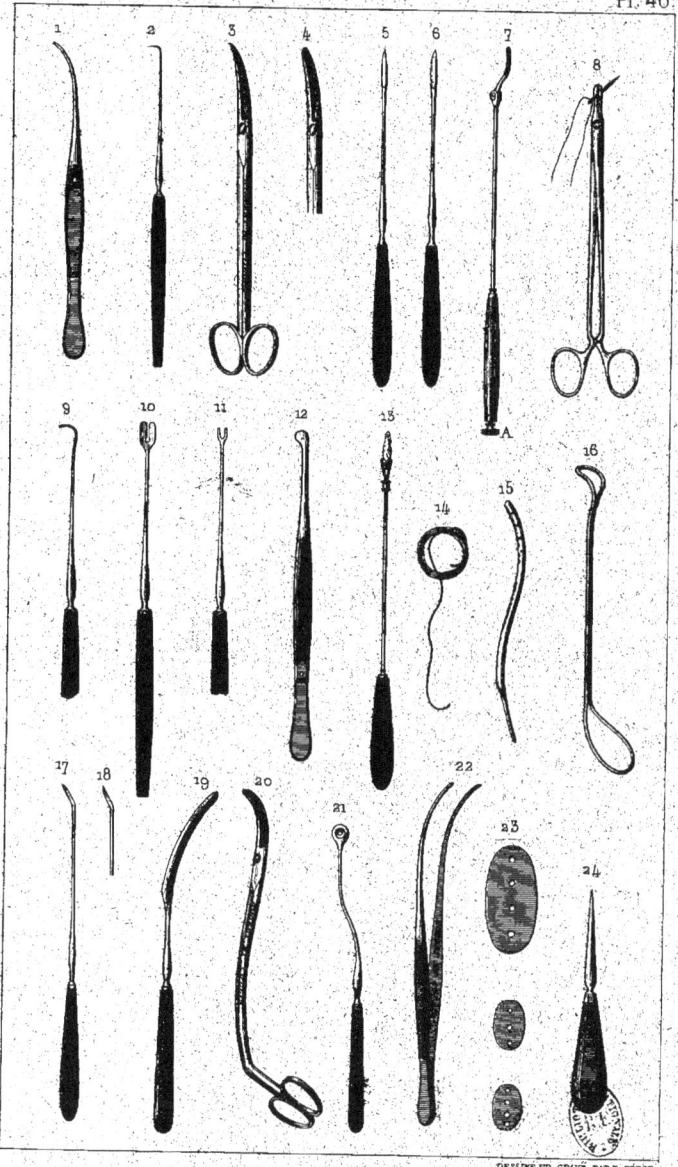

INSTRUMENTS POUR FISTULE VÉSICO-VAGINALE

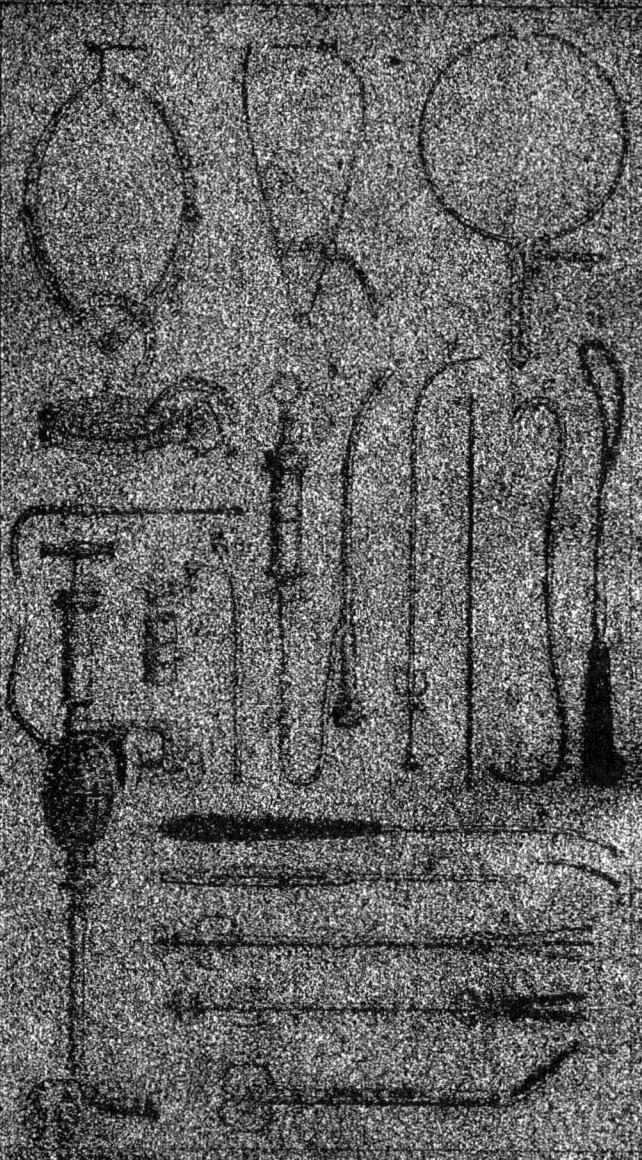

MODÈLES CHARRIÈRE – ROBERT ET COLLIN
Pl. 41

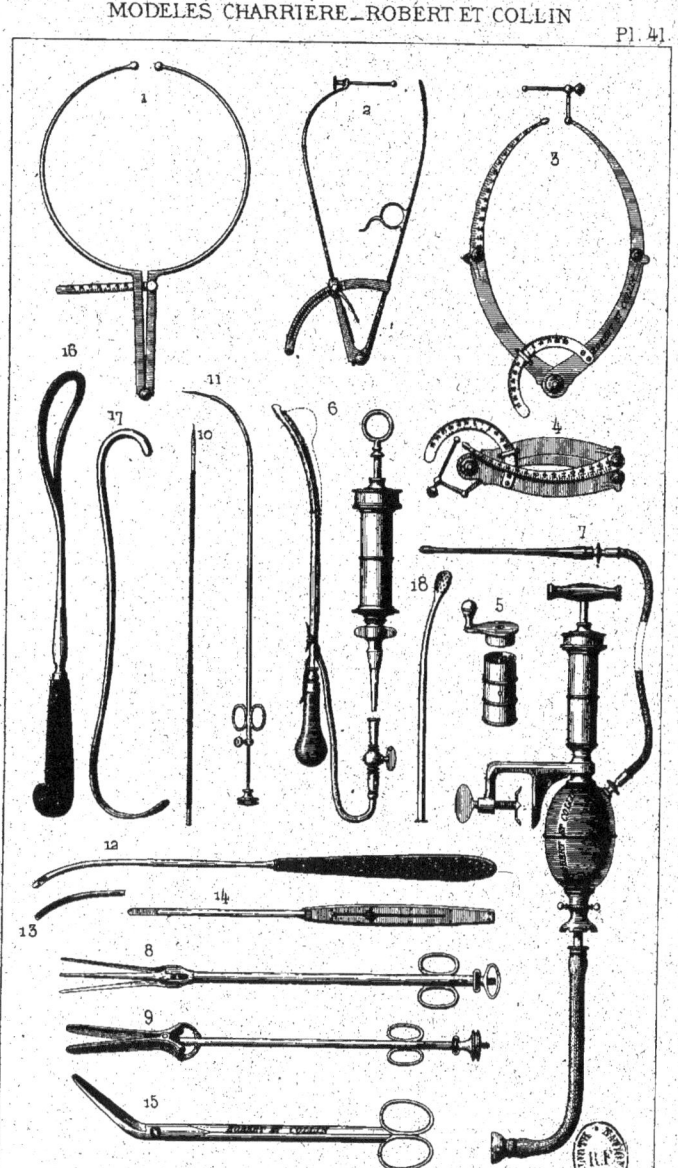

PELVIMÈTRES, APPAREILS A DOUCHES UTÉRINES, DILATATEURS.

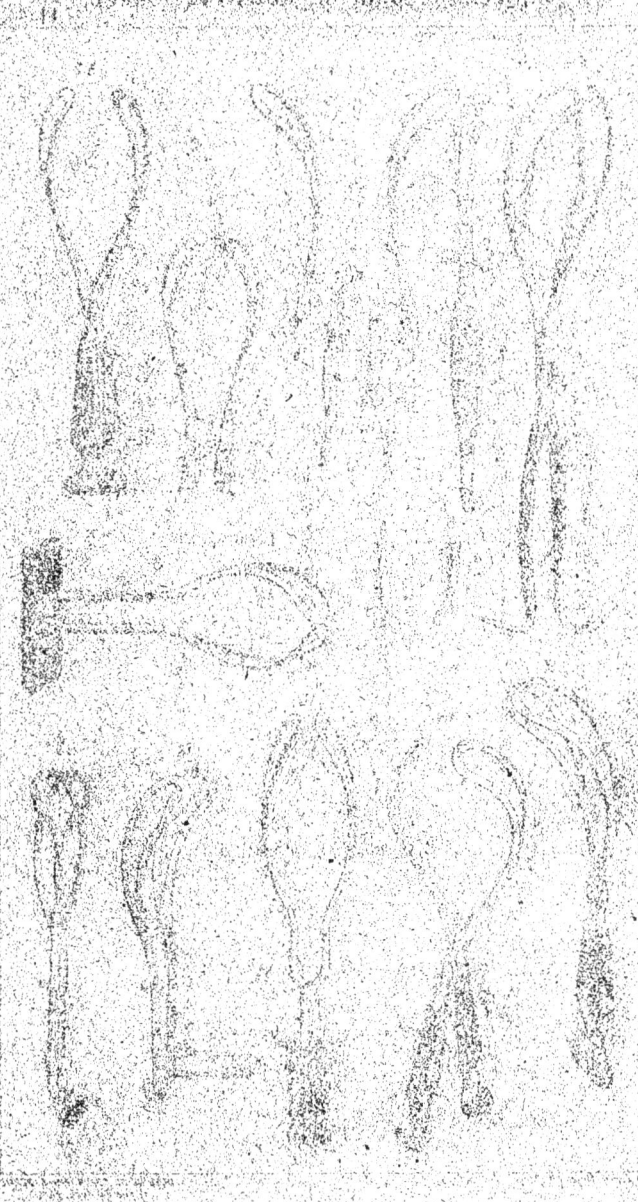

MODÈLES CHARRIÈRE_ROBERT ET COLLIN

Pl. 42.

Imp. Lemercier et Cie Paris.

DESSINÉ ET GRAVÉ PAR E. PÉROT
14, rue de Buci, Paris.

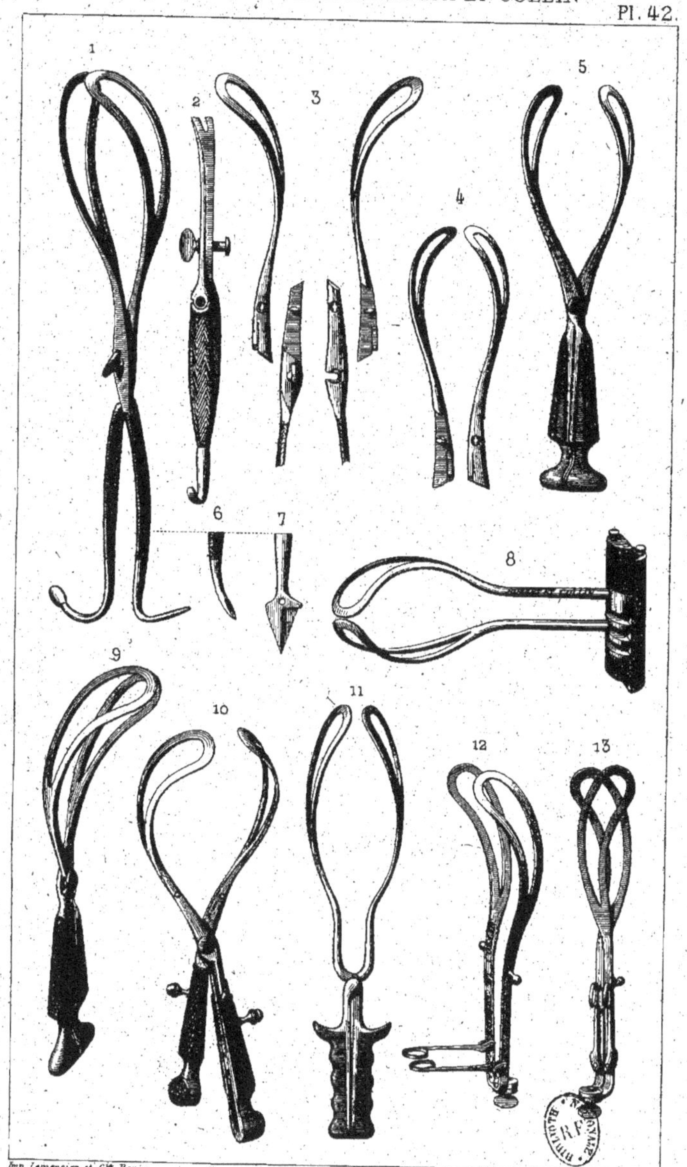

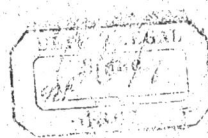

FORCEPS

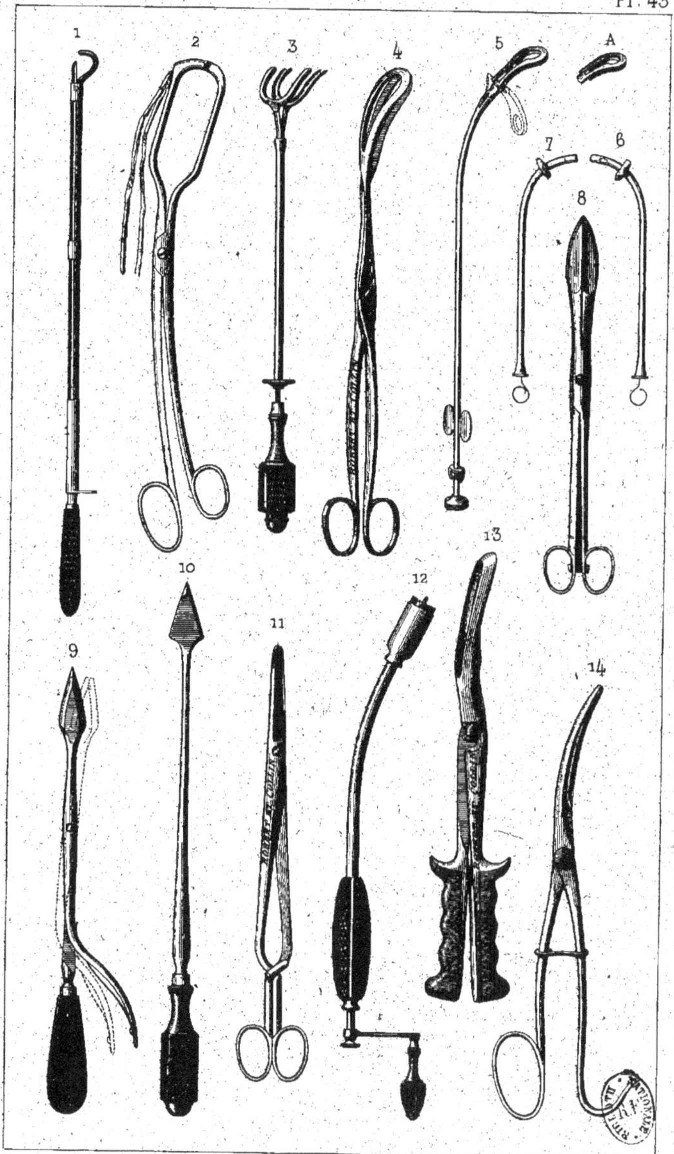

MODÈLES CHARRIÈRE – ROBERT ET COLLIN

Pl. 43

Dessiné et gravé par E. Pérot.

PORTE-CORDON, PINCE, CURETTE, TUBES LARYNGIENS, PERCE-CRÂNE.

MODÈLES CHARRIÈRE _ ROBERT ET COLLIN

Pl. 44.

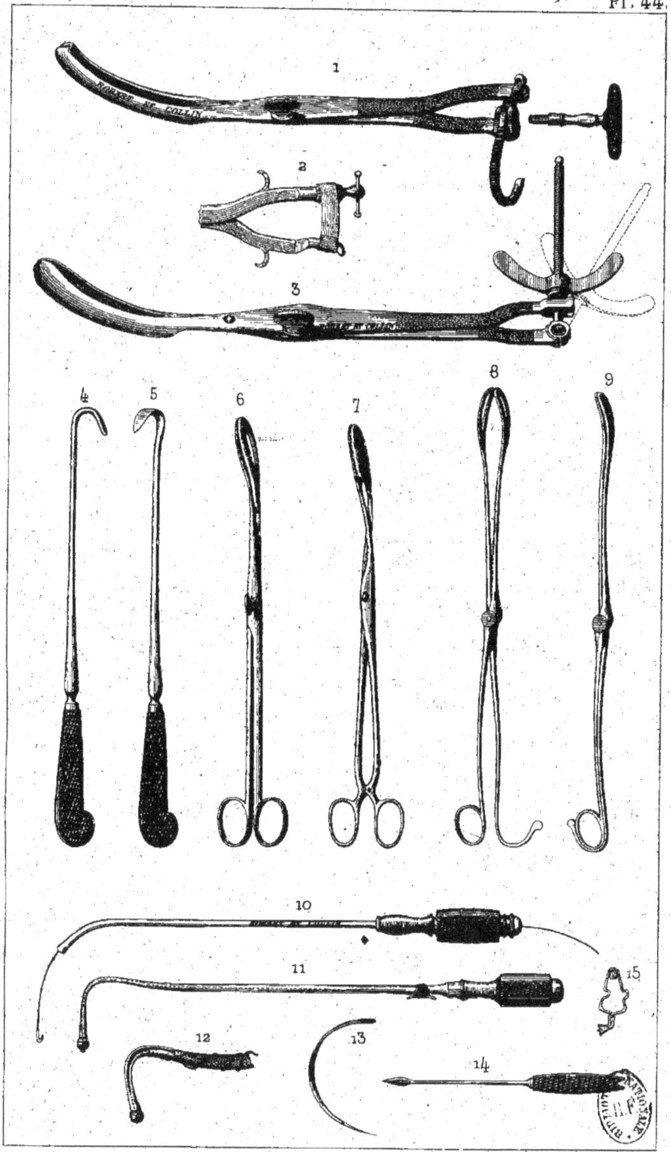

DESSINÉ ET GRAVÉ PAR E. PEROT.

CEPHALOTRIBES, PINCES A FAUX-GERME, PORTE-LAC

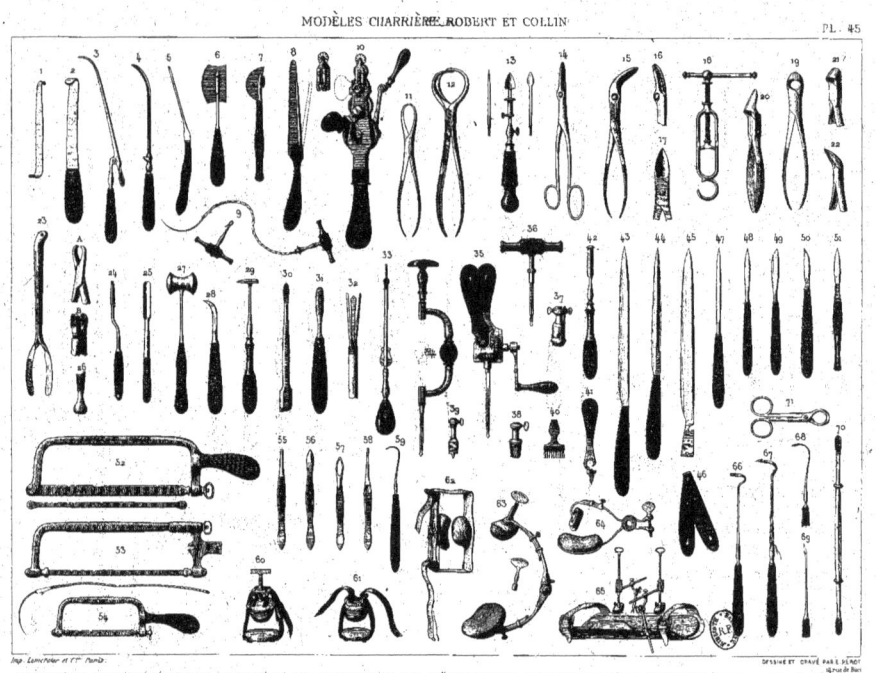

MODÈLES CHARRIÈRE, ROBERT ET COLLIN

PL. 45

INSTRUMENTS POUR LES RÉSECTIONS ET LE TRÉPAN, LES AMPUTATIONS, LES ANÉVRYSMES, LES LIGATURES D'ARTÈRES ET LES ABLATIONS DE TUMEURS.

MODÈLES CHARRIÈRE — ROBERT ET COLLIN

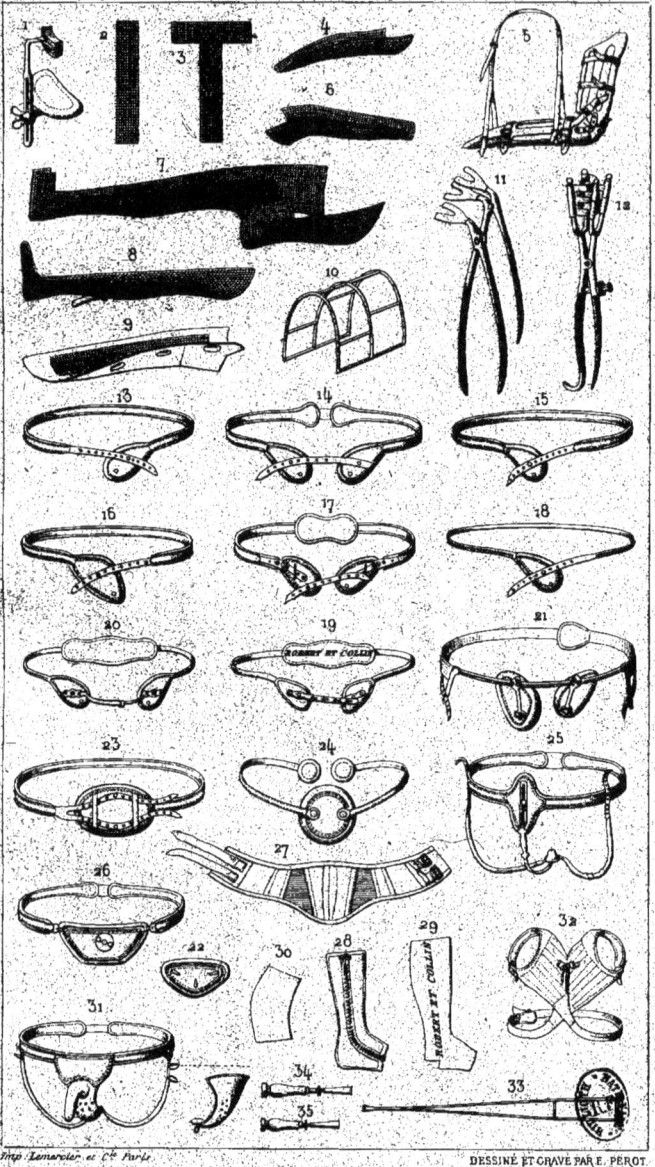

ATTELLES, GOUTTIÈRES, INSTRUMENTS ET APPAREILS POUR FRACTURES.
BANDAGES, CEINTURES, BAS ET GENOUILLIÈRES, BÉQUILLES &ᶜ

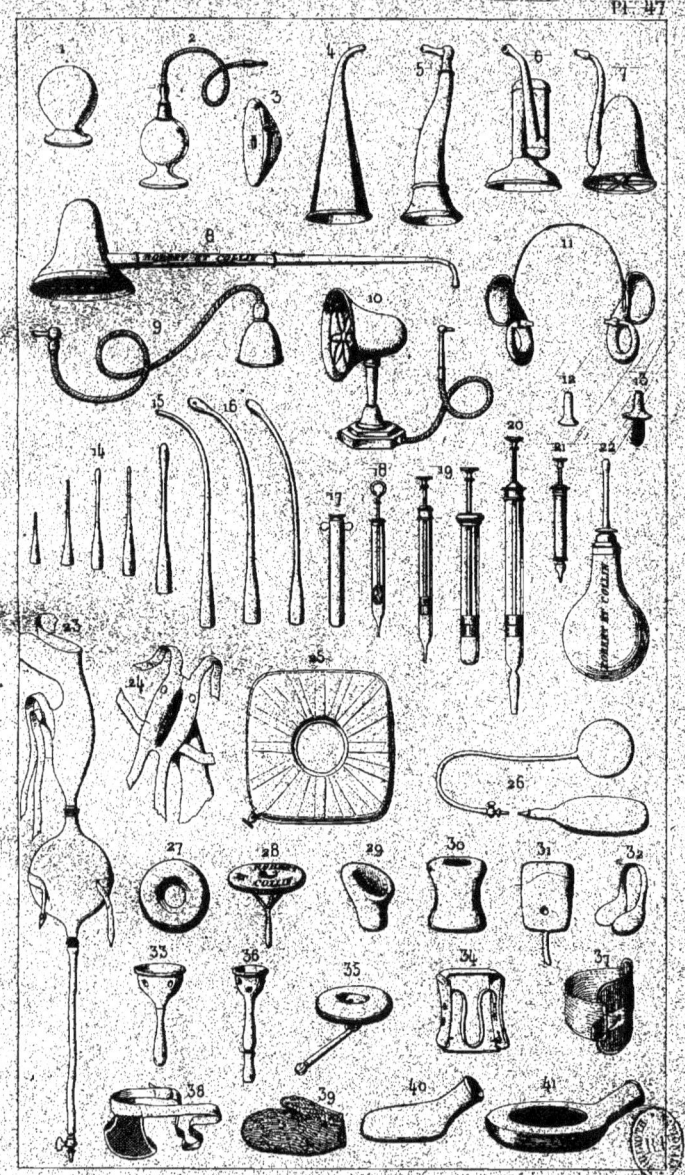

MODÈLES CHARRIÈRE—ROBERT ET COLLIN

HYGIÈNE, ALLAITEMENT, CORNETS ACOUSTIQUES, URINAUX
PESSAIRES, SERINGUES, CANULES &c.

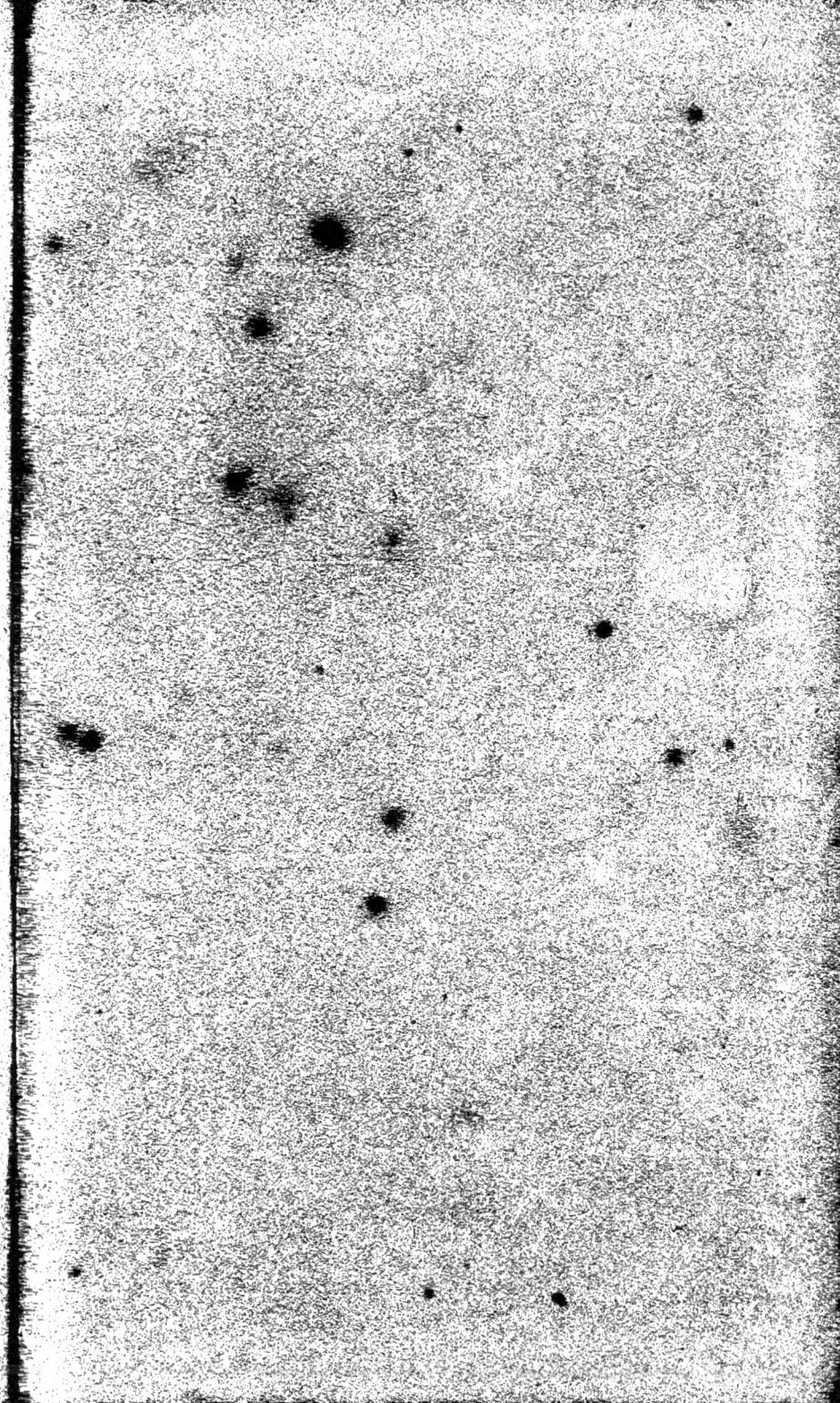